미술을 읽고
책을 그리는
아이는 다르다

독서와 미술을 통한 인성교육

미술을 읽고 책을 그리는 아이는 다르다

초판 1쇄 인쇄 2023년 4월 25일
초판 1쇄 발행 2023년 5월 2일

지은이 김승희

발행인 백유미 조영석
발행처 (주)라온아시아
주소 서울특별시 서초구 효령로34길 4, 프린스효령빌딩 5F

등록 2016년 7월 5일 제 2016-000141호
전화 070-7600-8230 **팩스** 070-4754-2473

값 18,000원
ISBN 979-11-6958-057-1 (03370)

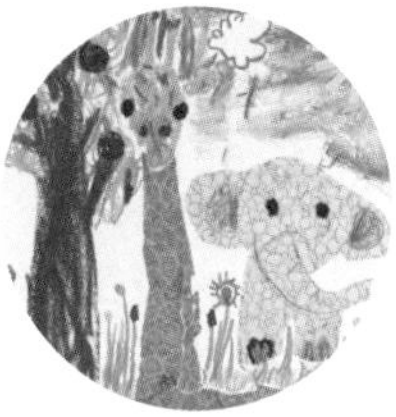

독서와 미술을 통한
인성교육

미술을 읽고 책을 그리는 아이는 다르다

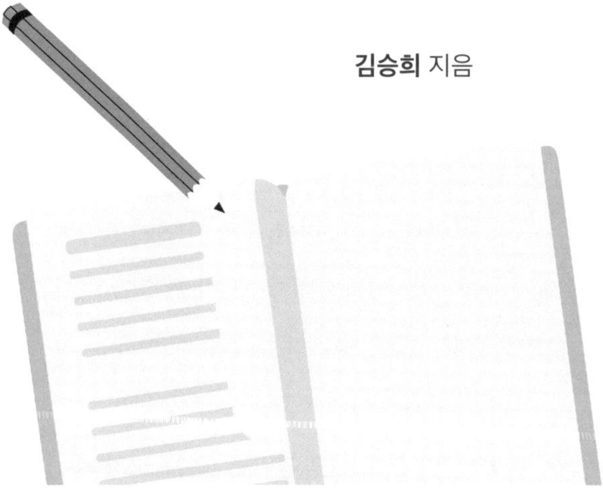

김승희 지음

RAON BOOK

추천의 글

김승희 대표님과 함께한 지 벌써 5년 차네요. 처음에는 연년생을 갖게 되어 책 육아에 도움이 되고자 수원여성인력개발센터에서 대표님이 진행했던 '동화책과 미술놀이' 수업을 둘째 태교로 들었습니다. 그러다가 프로그램이 마음에 들어 중학교 교사 일을 그만두고 자격증을 취득해 동행하게 되었습니다.

10년 동안 중학교 국어 교사로 있으면서, 창의 융합 수업을 추구해 왔지만, 실제 수업에는 적용하기 힘들다는 것을 알게 되었습니다. 그 이유는 수업 인원과 국어/미술 수업의 연계였습니다. 아직도 현 교실의 인원은 20~30명이며 독서 미술 수업이 가능한 교사가 많지 않았습니다. 그 무엇보다도 중요한 이유는 아이들이 어릴 적부터 이런 독서와 미술의 융합 수업을 받아보지 않았기 때문에, 독후 활동을 미술로 진행한다는 것에 교사보다 더욱 반감을 보였기 때문입니다.

예전처럼 독서록을 쓰는 것은 21세기 독서교육에서 좀 떨어지는 독후 활동이라 생각합니다. 특히 영유아는 독서록 쓰기 자체가 되지 않습니다. 이제는 문화센터 수업이 점점 활성화되면서, 많은 영유아 프로그램이 개발되고 있습니다. 아이들이 초등학교, 중학교에 들어가서도 독서를 즐겁게 할 수 있도록, 아니 평생 독서에 재미를 붙일 수 있도록 부모와 교사가 모두 노력해야 한다고 생각합니다. 이 책으로 더 많은 분들이 '독서+미술 프로그램'에 동행하시길 기대합니다.

리틀스케치북(AK백화점 수원점) 강사 강수연

아이와 함께 동화책을 읽고 난 다음, 미술로 독후 활동 놀이를 할 때면, 내 아이가 얼마나 상상력과 표현력이 풍부한지 깜짝 놀라는 순간이 정말 많습니다. 아이가 책과 연결된 미술 놀이를 통해 경험하는 즐거움은 앞으로도 꾸준한 책 읽기의 자양분이 되고, 나아가 독서력까지 향상될 것임을 확신하게 됩니다. 책 육아를 하는 엄마로서 저자의 다양한 독서 활동이 담긴 이 책을 아이와 책 육아를 하고 싶어 하는 엄마들에게 꼭 추천하고 싶습니다.

채윤 엄마 권선

아이들은 책을 읽고 자신의 생각을 글로 정리한다는 것을 어렵게 느낀다. 엄마들에게도 너무나 당연한 일이다. 아이들은 책을 가까이하면서 이야기를 나누고 그 생각을 그림으로 표현했을 때, 책을 온전한 나의 이야기로 기억하게 될 것이다.

이 책은 책놀이와 미술활동의 오랜 경험으로 완성된 엄마들의 필독서이자 아이들의 미래를 함께할 현자와 같다. 즐거운 상상력으로 채워질 아이들의 독서를 위해 엄마들이 함께할 길을 안내해 줄 것이다.

리틀스케치북 주임강사 김세진

프롤로그

대학에서 미술을 전공한 후 직장 생활을 하다가 육아로 인해 8년 동안 경력이 단절되었다. 아이를 키우고 직장 생활을 다시 시작하기는 쉽지가 않았다. 그래서 나는 내가 잘할 수 있는 전공을 살려서 작게 미술 교습소를 개원하기로 했다.

오전에는 개인적으로 필요하다고 생각하는 교육을 받으러 다녔고, 오후에는 미술 교습소에서 아이들에게 미술을 지도했다. 그렇게 아이들과의 인연이 시작되었으며, 27년이라는 적지 않은 시간들을 아이들과 즐겁게 미술 수업을 하며 지내게 됐다.

나는 아이들과 수업을 진행하면서 항상 차별화된 미술 수업을 찾던 중 독서와 미술을 융합한 프로그램을 알게 되었다. 이 조합에 매료되어 '독서+미술' 프로그램 교재를 만들기까지 했다. 현재는 도서관, 문화센터에서 독서+미술 지도사 과정을 수료한

강사들과 함께 '동화 속 미술여행'이라는 아동 강좌를 진행하고 있다.

이 프로그램은 아이들에게 책을 동화 구연으로 읽어주고, 동화 내용을 퀴즈로 이야기해 보고 미술을 표현하는 방법으로 진행한다. 종이를 찢어서 표현해 보기도 하고 찰흙을 만져서 촉감을 느끼며 만들어 보고, 하얀 도화지가 아닌 비닐이나 화선지, 사포 위에 독후 활동을 글이 아닌 그림으로 자기의 생각을 재미있게 표현하는 활동이다.

수업을 진행하던 중 한 아이가 나에게 "선생님, 저는 이 수업 할아버지가 될 때까지 배울 거예요"라며 프로그램에 대한 재미를 표현했다. 이런 이야기를 들을 때마다 마음이 뿌듯해지는 것을 느낀다.

아이들이 즐거워하고 재밌어하는 이 수업은 안타깝게도 코로나19 팬데믹으로 인해 3년이라는 긴 시간 동안 멈춰 있었다. 이외에도 성인들을 대상으로 하던 모든 강의들이 일시적으로 중단되면서, 나의 일상과 계획이 하루아침에 일시정지하는 당황스러운 일을 겪게 되었다.

그러나 긴 시간 동안 멈춰있을 수만은 없었다. 그래서 그동안 아이들과 수업하면서 있었던 일들과 경험들을 정리하기 시작했다. 그리고 나와 같이 아이를 지도하는 강사나 아이를 키우는 부모에게 독서+미술 프로그램을 진행하면서 얻은 노하우들을 책을 통해서 전해주면 도움이 되지 않을까 하는 생각에 글을 쓰게 되었다.

이 책에는 책을 재미있게 읽고 책을 그리는 아이들, 책 이야기와 놀이로 접근해 이야기를 풀어 가는 활동, 그림으로 표현하는 미술활동 놀이, 상상의 힘을 키우는 동화를 읽고 만들고, 꾸미고, 오리는 등 오감을 느끼고 소통하며 표현하는 독서+미술 융합 수업을 진행하면서 오랫동안 경험한 일들을 책 속에 풀어 놓았다. 이 책이 아이들과 함께하는 선생님들과 책과 육아 활동을 하기를 원하는 부모들에게 도움이 되었으면 한다.

김승희

차례

2장
이야기보따리로 펼쳐놓는 책놀이

3장
그림 보따리로 표현하는 미술 놀이

4장

생각 보따리를 채우는 상상의 힘

5장

오감으로 소통하고 교류하는 아이들

1장

미술을 '읽고'
책을 '그리는'
아이는 다르다!

손은 제2의 두뇌, 이야기와 미술의 융합 교육이 필요하다

손과 발의 협응력이 필요하다

아이는 생후 6개월이 되면 주 양육자의 얼굴을 알아보기 시작한다. 이 시기에는 부모의 얼굴과 눈을 마주치면서 웃을 줄 알게 된다. 옛 어른들은 이 시기의 아기들을 어르면서 까꿍 놀이도 하고 좀 더 크면 곤지곤지나 죔죔 같은 손 놀이를 해주곤 했다. 나도 우리 아이를 키우면서 아이에게 손 놀이를 해주었던 기억이 있는데, 그때는 의미를 알고 하기보다는 어른들이 했던 기억이 나서 따라 한 것이었다.

요즈음 부모들은 아이에게 오감이 발달해야 두뇌가 잘 발달해 똑똑한 아이로 키울 수 있다고 많이들 알고 있다. 그래서인지 문화센터에서 영유아를 대상으로 하는 오감발달 프로그램에 참여하는 유모차 부대를 많이 볼 수 있다.

손 놀이는 손과 눈의 협응력이 필요한 활동이다. 아이들이 어려서부터 손을 사용해 할 수 있는 손 놀이 프로그램을 살펴보면, 점토 놀이, 퍼즐 놀이, 블록 놀이, 종이접기, 그림 그리기, 만들기, 종이 오리기, 색깔 맞추기 등 다양한 활동들이 있다.

이렇게 아이들이 손으로 할 수 있는 모든 활동은 경험이 되고, 아이들은 놀이로 학습을 경험하면서 성장해 나간다. 그리고 이렇게 손으로 하는 활동들이 아이의 관심과 재미와 흥미를 더해, 학습을 더욱 효과적으로 할 수 있도록 돕는다. 특히 성장하면서 손을 사용해 사물을 인지하고 글쓰기, 그림 그리기, 젓가락질하기 등 어렸을 때 소근육을 꾸준히 발달시킬 수 있는 활동을 병행하면 학령기에 접어들면서 긍정적인 효과를 보게 된다.

7세 아이들을 지도하다 보면 생각보다 연필을 올바르게 잡는 법을 모르는 아이도 있고, 손에 힘이 너무 많이 들어가서 글씨 쓰는 것을 힘들어하는 아이도 있다. 부모님들은 연필 잡는 법이 올바르지 못한 아이에게는 연필 잡는 법을 교정해 주기 위해서 교정기를 연필에 끼워서 쓰도록 보내주신다. 아이들이 글씨를 잘 쓰게 하기 위해서라기보다는 글씨를 알아보지 못하면 집중력이 떨어질 수 있기 때문이다. 또 아이들이 연필을 쥐는 손힘이 약한 것을 보완하기 위한 효과도 얻을 수 있다.

요즘은 왼손으로 글씨를 쓰는 아이들도 있다. 옛날에는 우세손이 왼손일 경우 어른들이 고쳐주려고 애를 쓰는 모습을 볼 수 있었다. 요즘은 어느 손이 우세손이든 편하게 사용하도록 놔두는 추세다. 어느 손을 사용하든 소근육 발달이나 뇌 발달에는 긍정적일 수 있다고 한다. 그래서 예전에 비해 양손을 다 사용하는 아이들도 많다.

독서와 미술의 융합은 좌뇌와 우뇌가 모두 발달한다

코로나19의 영향으로 아이들이 입학과 동시에 3년 동안 등교를 정상적으로 하지 못했다. 어느 날은 한 학부모가 아이를 데리고 온 적이 있는데, 3학년이 될 때까지 집에서 컴퓨터로 홈스쿨 수업을 진행해 왔다고 한다. 자녀가 3년 동안 반 아이들도 만나지 못하고 책을 읽으라고 하면 컴퓨터부터 켜고 모니터 화면으로 책을 읽는다고 했다.

부모님의 바람은 아이가 종이책을 넘기며 정서 함양도 하고 그리기, 만들기, 꾸미기 등 다양한 재료와 기법으로 손을 활용해 자신이 생각을 표현하면서 창작 활동을 할 수 있도록 하는 것이었다. 그런 프로그램을 찾아 우리 교육원을 찾았다고 말씀하신 기억이 있다.

책의 내용을 인지하고 생각하면 좌뇌가 발달한다. 아이들이 다양한 미술 재료를 통해 꾸미고, 만들고, 그려서 자신의 생각을 창의적으로 표현하는 미술활동은 우뇌가 발달한다. 즉 독서와 미술의 융합 교육은 아이들이 뇌를 전체적으로 사용하도록 도와주는 역할을 한다.

나는 아이들과 함께 책을 읽은 다음 미술활동을 진행한다. 독서와 미술을 함께 진행하기 좋은 책 중 하나가 《아주아주 배고픈 애벌레》(에릭 칼 글·그림, 김세실 역, 시공주니어, 2022)인데, 책의 내용은 다음과 같다.

이파리 위에 작은 알이 있다. 어느 일요일 아침, 알에서 나온 애벌레는 배가 몹시 고팠다. 애벌레는 먹을 것을 찾아 나선다. 월요일에는 사과를 1개 먹고, 화요일에는 배를 2개 먹고 수요일에는 자두를 3개 먹고, 목요일에는 딸기를 4개 먹고, 금요일에는 오렌지 5개를 먹어도 배는 계속 고프기만 했다.

토요일에 애벌레는 아이스크림, 피클, 치즈, 살라미 소시지, 막대 사탕, 체리 파이, 소시지, 컵케이크, 수박을 먹었는데, 그날 밤 애벌레는 배가 아팠다. 그다음 날인 일요일에 애벌레는 아주 맛있는 초록색 이파리를 먹었다. 애벌레는 크고 뚱뚱해졌다. 애벌레는 번데기가 되어 2주일 넘게 잠만 잤다. 잠에서 깨어나 번데기 껍질을 벗고 나오니 애벌레는 아름다운 나비가 되었다.

책을 읽고 난 다음 아이들에게 "애벌레가 배고픈 이유가 무엇일까?" 하고 물어보았다. 아이들은 의외로 눈치가 빨라, 동화책을 다 읽고 나면 "애벌레가 번데기가 되고, 나비가 되느라 영양분이 많이 필요해서예요"라고 답한다. 그래서 나는 이 책을 읽고 나면 아이들에게 편식하지 말고 애벌레처럼 많이 먹고 잘 쉬어야 쑥쑥 클 수 있다고 이야기해 준다.

책을 읽고 난 다음, 책의 내용을 가지고 아이들과 그리기, 꾸미기, 만들기 등 다양한 미술활동을 이어 가면 좋다. 그리기 활동 주제로 '봄의 꽃과 나비', '꽃밭의 곤충 친구들', '봄꽃과 나무 위의 곤충 친구들 그리기' 등을 정해서 아이들이 표현하도록 안내하면 다양한 그림이 나온다. 꾸미기 활동은 종이접기를 이용해 종이를 접고 구기고 오려서 활동지 위에 꽃과 나무를 표현하고 울타리도 재미있게 표현하면 된다. 특히 나비를 표현할 때 셀로판지와 집게를 이용해 나비를 꾸며주면 아이들은 재미있게 활동하곤 한다.

미술활동 이어가기

움직이는 애벌레 만들기

책을 읽고 아이들과 움직이는 애벌레를 만들면서 매우 홍미

진진한 놀이 시간을 마련할 수 있다. 나뭇잎 위에 움직이는 애벌레를 만들어 아이들과 놀아보자.

1. EVA 압축 스펀지에 크레파스로 나뭇잎 모양을 그리고 색칠한 후 가위로 나뭇잎 모양을 오려준다.
2. 지름이 1cm 정도 되는 솜방울 3~4개를 준비해서 글루건으로 서로 이어서 붙이고 움직이는 눈을 맨 앞 솜방울에 붙여서 애벌레를 완성한다. 애벌레의 길이는 굵은 빨대의 길이와 비슷하게 만들어준다.
3. 가는 빨대 1개와 5cm 길이로 자른 굵은 빨대를 준비한다. 가는 빨대의 1/5 정도 되는 지점까지 굵은 빨대를 끼운다.
4. 굵은 빨대 앞부분에 애벌레 꼬리를 붙이고 머리는 가는 빨대 앞부분에 붙여준다.
5. 나뭇잎 위에 애벌레를 붙인 굵은 빨대 밑에 글루건으로 붙여서 완성해 준다.
6. 가는 빨대를 앞뒤로 당기면 애벌레가 빨대의 움직임에 따라 움직이므로 살아서 꿈틀거리는 것처럼 보이게 된다.

TIP 가는 빨대에 글루건으로 붙이면 애벌레가 움직이지 않는다.

질문하지 말고 그냥 읽어주세요

아빠가 읽어주면 더 좋다

전문가들은 부모가 자녀에게 책을 읽어주는 것이 매우 뛰어난 교육법이라고 말한다. 특히 아빠가 책을 읽어주는 것이 더 효과적이라고 한다.

미국 하버드대학교 연구팀에서 약 430가구를 대상으로 아빠가 책을 읽어주는 가정과 엄마가 책을 읽어주는 가정으로 나눠서 책 읽어주기와 이해력, 어휘력, 인지발달 등 상관관계를 조사한 결과 책 읽어주기 효과는 아빠가 더 높았다. 또한 어휘 발달 테스트와 아이의 지식, 유아 언어, 인지발달 면에서도 점수가 더 높았다고 한다. 아빠의 낮고 풍부한 목소리가 아이의 정서 발달과 언어 자극에 도움이 되며, 아빠와 아이 사이에 친밀감이 생긴다고 한다.

아이와 친밀감을 유지하는 데 좋은 방법 중 하나는 서로의 이야기를 하는 것이다. 하지만 엄마, 아빠와 같이 있어도 아이와 이야기를 많이 나누는 사람은 대부분 엄마다. 이때 말수가 적은 아빠가 아이에게 쉽게 친밀감을 표현하는 방법으로 동화책 읽기를 활용하면 좋다.

아이에게 동화책을 읽어주면 언어적으로 많은 도움을 준다. 평소 일상 대화에서 한계를 느꼈다면 동화책을 통해 의성어, 의태어를 접할 수 있으며 아이와의 표현력을 폭넓게 만들 수 있다.

아이가 좋아하는 책으로,
목소리에 풍경을 담아 읽어주세요

아이에게 동화책을 즐겁게 읽어주려면 아이가 좋아하고 읽고 싶은 동화책을 갖고 오도록 하는 게 좋다. 간혹 아이가 매번 똑같은 책을 여러 번 읽어달라고 할 때가 있는데, 이는 그 동화책에 애착이 생겨서 그러는 것이므로 다른 동화책으로 관심이 옮겨갈 때가지 충분히 읽어주는 것이 좋다.

책을 읽어줄 때는 정확한 발음으로 또박또박 읽어주며, 감정을 넣어서 읽어준다. 예를 들면 즐거운 장면이 나오면 높고 밝은 목소리 톤으로, 슬픈 장면이 나오면 등장하는 인물에 맞게 목소리와 표정을 바꿔가면서 읽어주는 것이다. 그렇게 목소리로도 풍경을 표현해 주면 아이들은 훨씬 더 깊숙이 동화 이야기에 빠져들며 집중하는 모습을 볼 수 있다.

아이에게 읽어줄 때는 이렇게 하세요

아이에게 동화책을 읽어줄 때는 자세도 중요하다. 아이와 나란히 앉거나 아이를 무릎에 앉혀 놓고 읽어주면 더욱 친밀감을 느끼며 교감을 갖는 데 도움이 된다. 이외에도 아이가 동화책에 쉽게 몰입하게 만들 수 있는, 효과적으로 동화책을 읽어주기 위한 방법이 몇 가지 있다.

첫째, 엄마나 아빠가 동화책을 읽을 때 아이들이 책장을 넘기게 한다. 이런 '미션'을 주면 아이는 이를 하나의 놀이로 생각하며 즐겁게 넘기는 '역할'을 맡는다. 나 역시 우리 아이에게 책을 읽어줄 때 아이에게 "넘겨주세요" 했다. 그러면 아이는 "네" 하면서 자기 맡은 임무를 척척 해낸다는 기분을 만끽하며 같이 읽었던 기억이 있다.

둘째, 동화책은 아이의 연령이나 눈높이에 맞게 읽어준다. 아이들을 지도하다 보면, 연령보다 독서 수준이 높은 아이가 있는가 하면 그 반대인 경우의 아이도 있다. 유치원이나 어린이집에서는 또래의 수준에 맞는 동화책을 읽을 수밖에 없지만, 집에서 만큼은 내 아이에게 맞는 수준의 동화책을 눈높이에 맞게 읽어 준다면 아이가 훨씬 더 몰입할 수 있다.

셋째, 글밥이 많은 경우 아이가 지루할 수 있으므로 문장을 개작해서 읽어주어도 된다. 아이들은 생각보다 집중력이 길지 않다. 그래서 문장이 길면 아이가 지루해하고 집중력이 떨어지므로 요약해서 간략한 이야기로 들려주면 좋다.

넷째, 무릎에 아이를 앉혀놓고 읽어주면 아이가 안정감을 느끼며, 짧은 시간이라도 집중을 할 수 있다. 무릎에 앉아서 부모가 읽어주는 이야기를 들으면 아이들은 부모의 체온과 호흡을 느끼며 편안함을 느낀다.

다섯째, 똑같은 책이라도 아이가 원하는 만큼 읽어주는 것이 좋다. 아이가 똑같은 책을 가지고 오면 부모님들은 좀 더 폭넓게 읽어주고 싶어 다른 책을 가져오라고 할 때가 있다. 하지만 굳이 그럴 필요는 없다. 아이가 원하는 만큼 읽어주자. 때때로 아이에게 엄마나 아빠에게 그림책을 읽어달라고 부탁해 보아도 좋다. 그러면 아이는 특별한 임무를 받은 것처럼 의기양양해서 읽어줄 것이다. 글자를 몰라도 상관없다. 아이는 이미 그 책 내용을 다 외우고 있을 테니까.

여섯째, 책은 천천히 읽고 천천히 넘겨가면서 눈으로 책을 보고 귀로 엄마, 아빠의 이야기를 들으며, 아이가 상상의 나래를 펼 수 있도록 읽어주는 것이 좋다.

일곱 번째, 구어체로 이야기를 들려주듯이 읽어주는 것이 효과적이다.

여덟 번째, 동화책을 읽어주기 전에 엄마나 아빠가 책을 먼저 읽은 후 그림 속의 내용을 아이와 함께 교감을 하면서 읽어주면 좋다.

질문하지 말고, 고르지 말고 아이가 좋아하는 것을 읽어주자

동화책은 아이들의 눈과 귀를 즐겁게 하고 책을 접하면서 세상을 간접적으로 경험할 수 있게 하는 중요한 매체일 뿐 아니라 사물과 단어의 연결을 통해 언어를 발달시킬 수 있는 매체다. 청각적 훈련을 하는 등의 부대 효과도 얻을 수 있다.

아이에게 동화책을 읽어주는 시기는 신생아 때부터도 가능하다. 신생아 시기부터 그림책을 보여주면 아이의 지능과 정서 발달에 아주 좋다는 연구 결과가 많이 나와 있다. 신생아 시기에는 흑백의 그림책이 아기의 관심을 끄는 것처럼 초기에는 그림이 크고 단순한 그림이 좋다.

2세 전후의 아이는 일상생활을 배울 수 있는 생활 동화책 이야기를 좋아한다. 또 아이가 집중할 수 있는 시간은 1세 이전은 5분, 2세는 7분, 3세는 9분 정도라고 한다. 그래서 한 번에 오랫동안 보여주는 것은 효과가 없다.

아이들이 독서 습관을 길들이는 시기는 두 차례 정도라고 한다. 첫 번째는 초등학교 입학 전이고 두 번째는 아이들의 사고가 풍부해지는 초등학교 3~4학년이다.

책을 선정할 때는 무엇보다 아이가 흥미를 갖는 분야를 택한다. 흥미 있는 분야의 책을 읽으면서 권수를 늘리다 보면 점차 관심 분야의 폭이 넓어질 수 있다. 아이에게 책을 읽어줄 때는 그냥 '이야기'로 들려주는 것이 좋다. 책의 내용에 대해서 자꾸 질문을 하면 독서의 의욕이 떨어질 수 있다. 아이의 독서 취향을 넓혀주고 싶으면 아이가 좋아하는 것부터 시작해, 부모가 읽었으면 하는 책으로 차츰차츰 바꿔가면 좋을 것이다.

놀아야 똑똑해진다

온통 놀이터였던 골목,
지금 아이들은 어디에 있을까

나의 어릴 적 놀이를 생각하면 밖에서 하는 놀이가 대부분이었다. 학교 다녀오면 빨리 놀고 싶어서 숙제부터 얼른 해치우고 친구 집 앞으로 달려가 친구 이름을 부르곤 했다. 그렇게 하나둘씩 친구들을 불러 모으면 어느새 골목이 놀이터가 되곤 했다. 그때 아이들과 모여서 함께 했던 놀이가 넷플릭스 인기 드라마 〈오징어 게임〉에 나오는 '무궁화 꽃이 피었습니다'였다.

그 외에도 사방치기, 공기놀이, 줄넘기, 고무줄놀이를 했던 기억이 난다. 고무줄놀이를 하려는데 인원이 모자라면 사람 대신 나무둥치에 고무줄을 걸어놓고 폴짝폴짝 고무줄을 넘곤 했다.

그러다 짓궂은 남자아이들이 고무줄을 자르고 도망가면 소리 지르며 쫓아가고, 남자아이들은 고무줄을 끊으며 도망을 다니다가 또 저들끼리 모여 구슬치기, 딱지치기, 팽이치기, 말뚝박기를 하며 놀았다.

그렇게 왁자지껄하게 골목을 뛰어다니며 시간 가는 줄 모르고 놀다 보면 엄마들이 대문을 열고 아이들을 부르는 소리가 들렸다. "○○야! 저녁 먹게 얼른 들어와!" 그러면 아이들은 내일 또 놀자는 약속을 뒤로하고 각자 집으로 들어갔던 기억이 난다.

하지만 요즈음은 동네 놀이터에서도 아이들의 모습을 보기가 힘들다. 학교 공부가 끝나면 곧바로 학원으로 가는 아이들이 태반이기 때문이다. 어떤 아이는 하루에 학원만 두세 군데를 다니며 어른보다 더 바쁘게 일상을 보내곤 한다. 심지어 나에게 "선생님, 저는 방학이 싫어요" 하는 아이도 있었다. 내가 왜냐고 묻자 아이는 "방학을 하면 친구들을 많이 볼 수가 없고 학원을 두 군데 더 다녀야 해요"라며 아쉬워했다. 얼마나 아이답지 않은 일상인가.

요즘 아이들이 주로 하는 놀이라야 집 안에서 혼자 하는 핸드폰 게임이나, 컴퓨터를 이용해서 친구들과 하는 게임 놀이가 대부분이다. 자연에서 멀어지고, 함께 머리 맞대고 뛰어노는 일에서 더 멀어지고 있는 그런 모습을 보면서 우리 어른들이 아이들의 어린 시절을 빼앗아 간 것 같아 안타까울 때가 많다.

'뱀 박사'를 만나다

아이가 태어나면 부모님들은 온갖 관심과 정성으로 키운다. 코로나19 펜데믹으로 모두가 조심스럽게 사회적 거리 두기를 실천할 때조차도 많은 엄마들은 마스크와 소독제로 '중무장'을 하고 아이들을 데리고 문화센터로 모였다. 밖에서 노는 문화가 없어진 세상에서, 그래도 아이들에게 놀이 체험을 해주려는 엄마들의 노력은 멈추지 않았기 때문이다. 엄마들은 아이들 연령에 맞게 구성된 놀이 수업을 통해 아이들의 오감을 자극하고 두뇌 발달에 도움을 받고자 했다.

하지만 모든 아이가 다 몸을 쓰며 밖에서 활동하는 것을 즐기는 것은 아니다. 더러는 자신의 관심 분야에 집중하고 몰입해서 책에 집중하는 아이도 있는 것이다. 내가 지도하던 아이 중에도 책에 관심이 아주 많은 아이가 있었다. 아이는 내가 수업을 하러 갔을 때 내 얼굴을 보면서 "선생님, 저 여기까지만 읽고 수업을 하면 안 될까요?" 해서 기다렸다가 수업을 진행한 기억이 있다. 나는 아이에게 "너는 책이 재미있니?" 하고 물어보았다. 아이는 "네" 하고 대답했다. 내가 뭐가 그리 재미있느냐고 묻자 아이는 "책 속에는 다 있어요" 하면서 "뱀에 대해서 궁금한 것은 책에 다 나와 있어요"라고 했다.

자세히 들어보니, 그 아이는 정말로 뱀에 대한 전문가였다. 알고 있는 뱀의 종류를 그림으로 죄다 그릴 줄 알았고 뱀에 대한 지식도 풍부했다. 아이는 자기가 그린 뱀 그림이 마음에 안 들면 그리다 말고 스케치북을 넘겨 새로운 종이에 뱀을 다시 그렸다. 생각과 표현이 잘될 때까지 스케치북을 넘겨서 하루에만도 스케치북 2~3권을 금방 다 써 버린다고 했다.

아이는 나에게 "선생님, 저는 세상에서 뱀을 제일 많이 아는 박사가 되고 싶어요" 하면서 나라별로 분포되어 있는 뱀들의 종류에 대해서 설명했다. 어떻게 이렇게 많이 알았냐고 하자 아이는 아빠랑 같이 공부하기도 했고, 혼자서도 이 책 저 책 뒤지면서 뱀 공부를 했다고 했다.

아이가 좋아하는 것을 부모가 같이 관심을 갖고 좋아해 주면 아이들은 자기가 알고자 하는 분야에서 훨씬 많이 성장할 수 있다. 놀이하듯 아이의 관심사를 넓혀주는 일이 자연스럽게 이루어지기 때문이다. 나는 아이들이 즐겁게 놀이를 하면서 스스로 알아가고 표현하는 모습을 자주 본다. 그렇게 자기가 좋아하는 것을, 자기만의 방식으로 놀고 공부하는 아이로 자라게 하는 것이 어른의 역할이 아닐까 생각한다.

연이네 설맞이
풍경을 읽다

나는 1월이면 아이들과 《연이네 설맞이》(우지영 글, 윤정주 그림, 책읽는곰, 2018)를 읽고 놀이를 할 수 있는 팽이를 만든다.

동화책 속에서 연이네 가족은 설 준비에 한창이다. 여자들은 설이 되면 입을 설빔을 만드느라 밤늦도록 무척 바쁘다. 아버지와 오빠들은 산에 꿩을 잡을 덫을 놓고 엄마와 언니들은 가마솥에 엿을 곤다. 잡은 꿩으로 떡국 국물을 만들고, 엿으로는 콩강정, 깨강정을 만든다. 엄마와 아버지는 설 준비에 쓸 물건들을 사러 집에서 멀리 떨어진 장터에 갔다. 연이도 장터 구경을 가고 싶지만 너무 길이 멀어서 가지 못했다.

온 가족이 마당에서 떡을 만든다. 떡메로 쫀득하게 친 떡을 길게 늘여 떡국에 넣을 가래떡을 만든다. 방 안에서는 할아버지와 오빠들이 윷도 만들고 방패연도 만든다. 섣달 그믐날에는 한 해의 마지막 날을 보내며 설날에 먹을 두부와 빈대떡, 편육을 만들고 김치를 담그고 나물도 삶아 무친다. 새해를 맞이하기 위해 가족들은 이방 저방 구석구석 대청소도 한다. 묵은해에 진 빚은 섣달그믐이 가기 전에 갚는 거라며 옆집 덕이가 봄에 빌려간 달걀을 들고 왔다. 가는 해를 잘 보내고 오는 해를 잘 맞으려고 집 안에 환하게 등잔불도 밝힌다. 남은 음식으로 밥을 비벼 먹고, 할아버지, 할머니 설빔을 내드린다. 연이도 설빔이 보고 싶다.

드디어 설날 아침이 되었다. 모두가 예쁘게 설빔으로 옷을 갈아입고 차례 지낼 준비를 하는데 연이만 설빔을 주지 않았다. 실망하려던 찰나 식구들이 연이 등 뒤에 설빔을 가져다 놓았다. 예쁜 설빔을 입은 연이는 가족들과 차례를 지내고 어른들께 세배를 드린다. 즐거운 설날 아침 풍경이다.

책을 읽은 후에는 아이들에게 우리나라 전통놀이에 대해서 이야기해 준다. 전통놀이 중에는 연날리기, 널뛰기, 윷놀이, 투호놀이, 제기차기, 공기놀이 등이 있음을 알려주고 만들기 수업을 진행한다. "오늘은 이 중에서 팽이 만들기를 할 거야. 다 만든 다음엔 모두 모여서 누가 그린 팽이 무늬가 가장 예쁜지, 누구 팽이가 가장 오래 돌아가는지 게임을 할 거야"라고 아이들에게 이야기하면, 아이들은 갑자기 조용해지면서 진지하게 생각에 잠긴다. 때로는 "너는 어떤 무늬로 팽이를 꾸밀 거야?"라고 서로 물으며 신중하게 작품 활동에 들어간다.

아이들의 활동은 연결된다

책을 읽고 활동하는 수업이라 그런지 아이들을 무척 의욕적으로 참여하며 나눠준 활동 재료는 어디에서 살 수 있는지, 재료 이름은 무엇인지 자세히 묻곤 한다. 언젠가 일곱 살 아이가 나에게 이런 재료는 어디서 살 수 있느냐고 물어오기에 이유를 물었더니 "동생도 하나 만들어주고 같이 놀려고요"라고 했다. 착하디착한, 아주 멋진 형이었다.

아이들은 샌드위치를 만들면서 정사각형, 직각삼각형을 배우고, 피자를 만들면서 지름, 반지름을 익힐 수 있다. 이렇게 무언가를 하고 그 행동을 연결해 활동을 한다. 특히 책을 읽은 후 연계해서 이런 놀이나 만들기 활동을 하면 좋은 이유는 아이들이 동화책의 스토리를 훨씬 오래, 분명하게 기억하기 때문이다. 내가 독서와 미술활동을 연결해서 아이들과 수업을 하는 이유가 여기에 있다.

적기 교육보다
중요한 것은 적기 독서다

너무 빨리 배우는 아이들

아이를 키우는 부모라면 대부분 우리 아이가 다른 아이보다 조금이라도 더 똑똑하게 자라게 하고 싶은 마음이 클 것이다. 그리고 그렇게 키우기 위해 어떻게 지도하고 가르치면 좋을지 나름대로 궁리하고 고민하곤 한다. 그래서 나이보다 이른 선행학습을 시키고, 심지어 초등학교 저학년이 중학생 수학을 공부하는 경우도 있다. 현장에서 아이들을 만나다 보면 공부에 대한 부모님들의 지나친 관심으로 아이가 너무 이른 나이에 한글 공부도 하고, 수학 공부도 하고, 피아노와 영어까지 배우는 것을 어렵지 않게 볼 수 있다.

부모님들은 아이들이 무언가 배우려 하면 아이가 배우기까지가 얼마나 걸리는지 알고 싶어 한다. 하지만 아이가 자라는 환경에 따라 다르기 때문에 배우는 기간은 정확히 알 수가 없다.

나는 큰딸을 6세 때 유치원에 보냈다. 그런데 큰딸이 가을쯤에 "엄마, 다른 친구들은 글자를 아는데 나는 왜 글자를 많이 몰라?" 하고 질문해 왔다. 나는 "글자 공부를 아직 안 했으니까 모르지. 글자 배우고 싶어?"라고 아이에게 물었는데, 그러자 아이는 "응, 배우고 싶어"라고 했다. 그 대답을 듣고 아이와 함께 그해 가을에 시작해서 7개월 정도 걸려서 한글을 읽고 쓰기 시작한 기억이 난다.

아이들 교육의 적기는 아이들이 그 공부에 흥미를 갖기 시작했을 때다. 그런 시기가 올 때에야 아이들은 공부하고 싶은 마음을 먹으며 동기도 생기는 것이다. 많은 교육 전문가들은 조기 교육에 반대한다. 왜냐하면 어려서부터 공부를 하다가 지쳐서 싫증이 나는 아이는 결코 행복지수가 높지 않기 때문이다. 그래서 유아기 때는 하고 싶은 거 하고 맘껏 놀 수 있게 환경을 만들어 주는 것이 가장 중요하다. 그렇게 자란 아이들이 학교에 가서도 공부에 집중을 잘할 수 있다.

어려서부터 조기 교육으로 '공부'라는 근육을 만드는 것보다 아이가 일상생활을 하면서 친구도 사귀고 친구와 사이좋게 잘 지내는 일, 또 친구와 안 좋은 일이 생겼을 때 어떻게 해결해야 하는지 등을 잘 아는 것이 이 시기 아이들이 더 열심히 배워야 할 공부다. 그리고 이런 공부는 생활 속에서 배울 수 있다. 공부를 통해서 배우는 것이 아니고 아이들끼리 놀면서 얻을 수 있는 경험들이기 때문이다.

정작 아이들이 배워야 할 공부는 '흥미'라는 공부다

유아기의 자녀를 키우는 부모에게 "아이들에게 무엇을 가르쳐야 한다고 생각하나요?" 질문했을 때 한글 공부, 수학 공부, 음악 공부를 가르쳐야 한다고 답한다면 '학부모'이고 예절교육, 시소 타기, 자존감 올려주기 등을 가르쳐야 한다고 답하면 '부모'라는 말이 있다.

부모가 자녀에게 가르쳐야 하는 교육은 적기 교육을 통한 '인성교육'이다. 적기에 접해야 하는 활동들이 기본이 되어야 아이가 마음의 근육이 생겨서 행복하고 즐거운 학교생활을 즐기는 행복한 아이가 된다는 말이다. 하지만 우리 아이를 다른 아이보다 조금 일찍 가르치려 하는 부모의 생각에 아이들도 어쩔 수 없이 따라간다. 부모가 손을 잡아끄니 자기 의지와 상관없이 가는 것이다.

이런 부모들의 열의는 '독서 활동'에서도 그대로 이어진다. 독서는 아이의 연령에 맞는 도서를 접하도록 하며 여러 권의 책을 읽는 것보다 아이의 수준에 맞는 한 권의 책을 읽고, 수준에 맞는 어휘력을 접하는 것이 아이의 두뇌와 정서 발달에 도움이 된다. 또한 아이에게 맞는 책을 읽어야 아이가 책을 통해 간접 경험을 하며 상상력도 키울 수 있다.

하지만 아이에 눈높이보다는 독서의 양에 주안점을 두고 '초등학교 추천도서 100권' 목록을 나누어주고 책을 읽고 독후감을 쓰도록 유도한다. 독후감을 많이 쓴 아이에게는 상을 수여하기도 한다. 초등학교 1학년이라고 해서 아이들이 성장 속도가 모두 같다고 볼 수는 없다. 이것이 아이의 나이가 도서 선정의 기준이 되어서는 안 되는 이유다. 연령에 따른 천편일률적인 기준보다는 아이가 호기심과 관심을 갖고 읽을 수 있고 감동을 받고 감격할 만한 내용인지가 더 중요하다. 아이는 자신에게 감동을 준 도서는 최고라고 생각한다.

부모님이 해야 할 일은 아이가 '책' 자체에 관심을 갖게 하는 일, '책'에 흥미를 보이는 일이다. 아이가 자는 침대 머리 위에 또는 아이가 좋아하는 공간인 놀이방이나 소파 위 등 아이가 놀다가 우연히 펼쳐서 볼 수 있게, 또는 거실 바닥 위에 책의 겉표지가 보이게 세워서 놓아 아이가 왔다 갔다 하면서 자주 눈에 띄게 하면 책에 대한 친밀감을 생기게 할 수 있다.

이렇게 할 경우 아이가 집에서 생활하다가 무슨 책인지 궁금해서 자연스럽게 펼쳐서 보게 되므로, 아이에게 억지로 책을 내미는 것보다 훨씬 큰 효과를 볼 수 있다. 이 시기에 아이들이 해야 할 공부는 '흥미'와 '호기심'이라는 공부임을 부모는 잊지 말아야 할 것이다.

사고력을 기르는 가장 좋은 방법

아이의 사고력을 기르는 가장 좋은 방법은 독서다. 독서보다 더 쉽게 사고력을 기르는 방법은 존재하지 않는다. 사고력과 이해력은 독서가 바탕이 되어야 효과가 크다.

영아 때 아이의 독서는 주로 의성어, 의태어가 반복되는 오리 '꽥꽥', 병아리 '삐약삐약', 송아지 '음매', 강아지 '멍멍' 등으로 이어지는 전래동화가 좋다. 어린이집이나 유치원에서 견학 갈 때면 선생님들은 아이들을 한 줄로 세워서 이런 의성어와 의태어 놀이를 하면서 걷게 한다. 맨 앞 선생님이 "오리"를 선창하면 아이들이 뒤를 따라가면서 "꽥꽥" 하고, "병아리" 하면 "삐약삐약" 하며 따라가는 것이다. 영아들의 집중력을 모으는 데는 이만한 방법이 없다.

유아기 때는 단어와 문장이 반복적으로 나오는 《사과가 쿵!》(다다 히로시 글·그림, 정근 역, 보림, 2006)이나 《곰 사냥을 떠나자》(마이클 로젠 글, 헬린 옥슨버리 그림, 공경희 역, 시공주니어, 1994)처럼 내용을 예측할 수 있는 책이 가장 좋다. 아이들에게 책을 읽어줄 때는 책 제목, 겉표지, 뒤표지를 보여주고 아이들이 책의 내용을 상상하면서 책의 내용을 예측할 수 있게 유도할 수 있다.

초등학교 1학년은 스스로 책을 읽기 시작하는 나이다. 저학년 때는 창작동화와 전래동화가 글이 아니라 그림으로 읽을 수 있게 그림으로 자세히 유도한다. 글밥이 많은 책이나 고전은 아직 어려운 시기다. 특히 책을 읽어줄 때는 엄마의 욕심으로 책을 읽어주는 것보다 아이의 속도에 맞추어 기다려주고 생각을 공유하며 읽어주는 것이 좋다.

초등학교 저학년들의 독서는 아이들의 상상력을 발달시키는 도서가 좋다. 다음과 같은 책들을 추천한다.

- 《구름빵》(백희나 글·그림, 한솔수복, 2004)
- 《책 먹는 여우》(프란치스카 비어만 글·그림, 김경연 역, 주니어김영사, 2001)
- 《지각대장 존》(존 버닝햄 글·그림, 박상희 역, 비룡소, 1995)
- 《도서관에 간 사자》(미셸 누드슨 글, 케빈 호크스 그림, 홍연미 역, 웅진주니어, 2007)
- 《빨간 풍선의 모험》(옐라 마리 그림, 시공주니어, 1995)
- 《비 오는 날의 소풍》(가브리엘 뱅상 글·그림, 햇살과나무꾼 역, 황금여우, 2015)
- 《치과의사 드소토 선생님》(윌리엄 스타이그 글·그림, 조은수 역, 비룡소, 1995)
- 《난 토마토 절대 안 먹어》(로렌 차일드 글·그림, 조은수 역, 국민서관, 2001)
- 《바바빠빠》(아네트 티종·탈루스 테일러 글·그림, 이용분 역, 시공주니어, 1994)

- 《작은 집 이야기》(버즈니아 리 버튼 글·그림, 홍연미 역, 시공주니어, 1993)
- 《아씨방 일곱동무》(이영경 글·그림, 비룡소, 1998)

초등학교 고학년이 되면 공부의 양이 많아지며 수준도 높아지는 시기다. 이때는 좋아하는 분야와 싫어하는 분야가 뚜렷한 시기로, 어휘력과 사고력을 길러주는 도서를 선정해서 읽는 것이 좋다. 다음과 같은 책들을 읽으면 좋다.

- 《수학의 귀신》(한스 마그누스 엔첸스베르거 글, 로트라우트 수잔네 베르너 그림, 고영아 역, 비룡소, 2019)
- 《씨앗을 지키는 사람들》(안미란 글, 윤정주 그림, 창비, 2013)
- 《서툴러도 괜찮아》(카렌 쿠시맨, 배미자 역, 다른, 2011)
- 《열두 살에 부자가 된 키라》(보도 섀퍼 글, 원유미 그림, 을파소, 2014)
- 《좋은 돈, 나쁜 돈, 이상한 돈》(권재원, 창비, 2015)

아이들 수준에 맞는 책을 추천하자

아이가 책을 좋아한다고 어려운 책을 읽게 하는 것이 수준을 높여주는 것이 아니다. 아이들의 수준에 맞는 독서를 통해서 즐겁게 읽고 생각을 넓게 확장할 수 있는 책을 추천하는 것이 바람직하다.

아이가 책을 읽지 않아서 부모가 이를 금전적인 방법으로 해결하는 것을 본 적이 있다. 책을 다 읽고 독후감을 쓰면 아빠가 책값을 용돈으로 주시기로 약속했다며 책을 옆구리에 끼고 수업에 온 것이다. 책을 읽으면 무언가 대가를 주기로 약속을 하기보다는 부모가 아이와 함께 책을 읽을 수 있는 환경을 만들어야 한다. 아이의 책 읽는 습관은 어려서부터 책과의 친밀감에서 자연스럽게 나온다고 볼 수 있다.

2장

이야기보따리로 펼쳐놓는 책놀이

눈 대신 귀로 먼저 읽어요

배 속에서도 들어요

우리는 깨어있는 동안 수없이 많은 시간을 소리와 함께한다. 예를 들면 라디오에서 나오는 음악 소리, 자연에서 들을 수 있는 바람 소리, 새소리, 자동차 소리, 강아지 짖는 소리, 아이들이 재잘거리는 소리, 전화벨 소리, 청소기 소리, 요리할 때 나는 소리 등……. 이처럼 우리 귀에 들리는 소리는 천차만별이고 너무나 많지만, 우리가 처음 접하는 소리는 아마도 세상에 태어나기 전 엄마 배 속에 있을 때 들었던 엄마, 아빠 목소리가 아닌가 한다.

엄마 배 속에 있는 동안 엄마와 아빠가 매일 책을 읽어주고 목소리를 들려주면 몇 달 후 세상 밖으로 나온 아기는 태중에서 들었던 엄마와 아빠의 목소리를 기억한다고 한다. 그만큼 목소리로 전달되는 진동과 소리가 아기에게 크게 각인되기 때문이다. 그래서 임신 중 아기에게 많은 목소리를 들려준 부모일수록, 출산 후 아기에게 책을 읽어주거나 말소리를 들려주면 아기는 입에 문 고무젖꼭지를 더 빠르고 세게 빠는 등 크게 반응을 보인다고 한다.

듣기는 인간 언어 발달 과정의 가장 첫 단계

아기의 언어의 발달 과정은 네 단계 순서를 밟는다고 한다. 가장 첫 번째가 앞에서 말한 듣기다. 두 번째는 말하기, 세 번째는 읽기, 네 번째는 쓰기다. 이처럼 우리는 귀를 통해서 들어오는 울림, 소리, 리듬을 통해서 언어를 체험한다. 부모가 아이에게 그림책을 읽어주면 아이는 귀를 통해 들으며 상상하고 말의 리듬, 높낮이, 끊어 읽기 등을 통해 언어의 기술을 경험하며 언어의 감각이 길러진다.

귀로 들려주는 이야기 하면 나는 옛날이야기를 들려주던 할머니 생각이 난다. 할머니는 오랜 세월 사시면서 경험했던 재미나고 구수한 옛이야기를 마음껏 펼쳐놓는다. 어린 시절 간식으로 감자와 옥수수를 먹었던 이야기, 동네 친구들과 즐겼던 공기놀이와 망 까기, 수건돌리기 놀이, 소학교를 2시간 넘게 걸어서

다닌 이야기, 그 등하굣길에 냇가와 산에서 또 들에서 뛰어놀며 오갔던 이야기 등 우리가 지금은 알지 못하는 그 시절 이야기를 즐겁고 흥미있게 전달해 주었다.

할머니가 들려준 이야기 중 운율과 리듬을 넣어서 들려주던 자장가 노래와 어릴 때 아이들과 모래 놀이를 하면서 부른 〈두껍아 두껍아〉 같은 전래동요도 빼놓을 수 없는 어릴 적 강렬한 기억이다. 이처럼 귀로 들어서 즐겁고 운율을 통해 음악적이고 청각적인 요소를 지닌 동화책 중 대표적인 것이 앞에서도 언급했던 《사과가 쿵!》과 《곰 사냥을 떠나자》이다.

사과가 쿵! 하면
내 마음도 쿵!

《사과가 쿵!》은 풀밭 위에 커다란 사과 하나가 쿵 떨어지면서 그 사과를 다양한 동물들이 먹는 이야기다. 각 장면마다 각기 다른 동물이 등장해 사과를 맛있게 먹는다는 점은 같지만 먹는 소리는 모두 다르다. "사각 사각 사각", "야금 야금 야금", "아삭 아삭 아삭", "우적 우적 우적" 등 각각의 의성어, 의태어가 규칙적인 리듬감을 지닌 채 반복적으로 표현되어 있어, 책을 읽는 것이 마치 노래를 부르듯 리듬을 타게 된다.

부모는 아이에게 이 책을 읽어줄 때 소리에 강약과 장단을 넣어 유아의 청각을 즐겁게 할 수 있으며 이 책에 나오는 사과의 맛과 식감 같은 자극이 결합되어 유아들이 그림책에 재미를 느낄 수 있도록 유도한다.

우리는 합창하며 곰 잡으러 갑니다

《곰 사냥을 떠나자》에는 가족들이 사냥을 떠나면서 부르는 노래가 압권이다. "곰 잡으러 간단다. 큰 곰 잡으로 간단다. 정말 날씨도 좋구나! 우린 하나도 안 무서워" 하는 문장이 여러 차례 반복되면서 이야기를 듣는 아이들의 귀를 자극한다.

의도적으로 흑백으로 그린 여러 난관을 헤치고 나와 성공적으로 길을 통과하면 그림이 어느덧 컬러로 바뀌어 있다. 곰 사냥을 떠난 가족은 풀밭, 강, 진흙탕, 숲, 눈보라 등 장애물을 통과할 때 "사각 서걱!", "덤벙 텀벙!", "바스락 부시럭!" 등의 글자가 점점 커지면서 리듬감과 긴장감을 증폭시킨다.

《곰 사냥을 떠나자》를 읽고 나서 나는 아이들에게 여러 질문을 했다. "얘들아, 곰 잡으러 떠난 가족들이 곰을 만나자 어떻게 했지?", "너희들은 곰을 만나면 어떻게 할 것 같아?", "곰 하면 뭐가 생각나지?" 그러면 아이들은 "곰이 마늘을 먹고 사람이 됐어요", "곰은 꿀을 좋아해요", "곰을 만나면 움직이면 안 돼요", "귀

여운 곰돌이 푸요" 하며 자신이 알고 있는 각양각색의 이야기를 마구 꺼내놓는다.

똑똑! 문 안에 무엇이 있을까

이처럼 아이들은 듣고, 말하고, 읽고, 쓰는 과정을 통해 언어 발달의 결정적인 시기를 맞는다. 이 결정적인 시기의 첫 장을 여는 '듣는 행위'를, 아이들은 부모가 읽어주는 그림책 이야기를 들으면서 청각적 집중력과 어휘력을 향상시키게 된다. 또한 부모의 목소리를 통해 말의 리듬, 높낮이, 끊어 읽기 등 언어의 기술을 경험하며 언어 감각을 습득하게 된다.

언어 감각이 유독 잘 살아있는 책으로 내가 손꼽는 책은 재미있는 전래동요와 전통적인 그림이 잘 어우러진 《잘잘잘 123》(이억배 그림, 사계절, 2008)이다. 이 그림책은 장면마다 꼬부랑 할머니, 두더지, 다람쥐 등의 등장인물들이 저마다 다양한 활동을 펼친다. 그러고 난 뒤 마지막에는 다 함께 시끌벅적 신나는 기차여행을 떠난다.

이 그림책은 "하나 하면 할머니가 호박을 이고서 잘잘잘, 둘 하면 두더지가 땅굴을 판다고 잘잘잘" 하면서 1부터 10까지 수 세기를 다루고 있는 책이다. 덕분에 아이들은 노래하듯 책을 읽으면서 리듬감과 수를 같이 익힐 수 있다.

《두드려 보아요》(안나 클라라 티돌름 글·그림, 사계절, 2007)의 겉표지는 주인공이 문을 두드리는 뒷모습이다. 책을 펼치면 주인공의 시점마냥 오른쪽 페이지에 파랑, 빨강, 노랑 등 색깔 문이 차례로 나오고, 다음 장을 넘기면 방 안이 보이며, 방마다 북치는 꼬마 아이, 당근 먹는 토끼 가족, 원숭이 가족, 난쟁이 아저씨, 고양이, 곰돌이 가족 등 각각 다른 인물들이 나온다. 자세히 보면 방 안에 작은 문이 있어서 그 문이 다음 방으로 이어지며, 색깔 문이 나올 때마다 "빨간 문이에요. 똑! 똑!" 하며 색깔을 알려 준다.

작가는 아이가 문을 두드리는 신체 동작을 하면서 책장을 넘길 때면 문을 열고 방 안으로 들어간 것처럼 느껴지게 의도했다. 각 장면마다 사물과 등장인물이 우리가 현실에서 보는 모습과는 매우 특별하고 다르다. 이를테면 난쟁이 아저씨가 등장해 화분에 물을 주거나, 고양이는 밥을 먹고, 원숭이는 방석을 던지며 장난을 치고, 꼬마 미카엘은 북을 치고 하는 식이다.

이 책은 '똑똑' 하는 소리와 함께 아이가 상상의 방으로 들어가는 재미를 주는 책이다. 작가는 이처럼 페이지를 넘길 때마다 어떤 기상천외한 장면이 등장할지 아이들이 호기심과 기대를 잔뜩 가지고 책장을 넘길 수 있도록 의도하고 있다. 청각이 아이의 언어발달의 첫 단계인 만큼 "똑! 똑!" 하며 두드릴 때마다 아이의 궁금증과 기대감을 상승시키며, 마침내 집 밖으로 나오면 밤이 되고 책이 끝난다. 장면마다 줄거리 연결은 안 되나 책 자체는 두드리는 놀이를 유도하고 있다.

동화 구연이 좋은 이유

듣기, 말하기, 읽기, 쓰기의 언어발달 과정에서 제일 먼저 발달하는 듣기 영역을 활성화하기 위해 나는 아이들에게 동화 구연을 강조해서 들려준다. 동화 구연의 효과는 탁월하다. 두뇌발달, 정서발달, 애착 형성 모두에 도움을 주기 때문이다.

동화 구연은 일본에서 유학 중이던 방정환 선생님이 세계명작동화 10편을 번안해 《사랑의 선물》(개벽사, 1922)을 펴내면서 우리나라에서 시작되었다. 이 책이 출간되면서 비로소 동화 구연을 하기 적당한 최초의 동화책이 탄생한 셈이다.

책 서문에는 "학대받고, 짓밟히고, 차고, 어두운 속에서 우리처럼, 또, 자라는, 불쌍한 어린 영들을 위하여, 그윽이, 동정하고 아끼는, 사랑의 첫 선물로, 나는, 이 책을 짰습니다"라고 써 있다. 이 말의 다짐대로 1923년 방정환 선생님은 손진태, 윤극영, 진장섭 등과 함께 어린이 문화운동단체인 '색동회'를 설립했다. 이 단체는 출판, 동극, 놀이 등 어린이들을 위한 문화 전반에 관심를 가졌다.

현재 색동회는 동화 구연 프로그램을 진행하고 있다. 나 역시 이곳에서 동화 구연을 배워서 다문화 가정 아이들을 대상으로 동화책을 재미있게 읽어주는 활동을 오랫동안 진행했다. 아이들은 자란다. 그리고 자라나는 시기마다 최적의 효과를 줄 수 있는 자극들이 존재한다. 동화 구연은 귀로 먼저 읽는 아이들에게 호기심과 상상의 날개를 마음껏 펼칠 수 있도록 도와주는 최상의 도구다. 부모가 우리 아이들에게 동화책을 많이 읽어주고 많이 들려주어야 할 이유다.

그림책보다
동화책으로 읽어주세요

"저 만두,

더러워서 어떻게 먹어요?"

도서관이나 문화센터에서 수업을 진행할 때 아이들에게 그림책보다 동화책을 먼저 접할 수 있게 한다. 글자를 알고 있든 모르고 있든 무조건 그림책보다는 동화책으로 시작한다는 의미다. 학령기 아이들은 물론 2~4세의 유아들에게는 귀로 문자가 들어가게 선생님이 한 자 한 자 또박또박 동화책을 동화 구연으로 재미있게 읽어준다. 아이들은 귀로 듣고 그림을 보며 동화의 내용이 알고 있는 생각과 다른 경우에는 거침없이 손을 들고 물어본다.

채인선 작가가 쓰고 이억배 작가가 그린 《손 큰 할머니의 만두 만들기》(재미마주, 2001)에는 할머니의 손이 너무 커서 만두피

반죽이 마을을 넘어간다. 그렇게 커다래진 만두피를 치우기 위해 엄청난 양의 만두소를 반죽하는 이야기가 나온다. 만두소 양이 너무 많아 힘들어하는 할머니를 보고 동물들이 저마다 나와서 할머니를 돕기로 나선다. 토끼와 다람쥐, 멧돼지 등은 만두소를 발로 밟으며 서로 열심히 반죽을 한다.

이 이야기를 듣던 한 아이는 자신있게 질문을 한다.

“선생님, 저 만두 더러워서 어떻게 먹어요? 발로 밟으면 발에 묻은 흙이 만두소에 다 들어가잖아요?”

아이들은 이처럼 동화의 내용이 현실의 경험과 다르면 서슴지 않고 바로 질문을 한다. 그 질문을 받고 나는 아이에게 “질문한 내용을 같이 생각해 보자” 하며 글과 그림에 나타난 하얀 눈이 내린 풍경을 가리켰다. “이 그림을 보면 겨울이라 눈이 많이 내렸는데 흙이 묻을 수 있었을까?” 이렇게 물었더니 아이는 그때부터 눈을 동그랗게 뜨고 동화의 내용을 다시 상상하기 시작했다. ”더러워지지 않았겠네요. 흙을 밟을 수가 없네요” 하고 대답했다.

동화 이야기 끝부분에 만두 모양을 동물들의 모양으로 만들기도 하고 마지막에는 만두를 엄청 크게 만들어서 할머니가 돗바늘로 만두를 꿰매는 이야기를 듣고 그림을 보고 아이들은 “저 만두 혼자 먹으면 엄청 배부르겠다!”라고 상상하며 감탄하는 모습을 볼 수 있었다.

상상력이 확장되는 것은 그림보다 문자

어린이책 편집자 마쓰이 다다시는 《어린이와 그림책》(이상금 역, 샘터, 2012)에서 다음과 같이 말했다.

> 어른들은 흔히 어린이의 상상력은 타고나는 것이라 생각하는데 그렇지 않습니다. 자라면서 직·간접적인 체험을 통해 발전되는 것입니다. 그런데 유아에게 체험의 기회를 가장 풍부하게 제공하는 매체가 바로 그림책입니다. (중략) 그림책을 통해 반복되어 쌓인 영상 경험이 상상의 질을 결정합니다. 당연히 예술적으로 뛰어난 그림이 더 좋은 영상과 상상력을 주겠지요. '초등학교에 입학한 뒤에 독서력을 길러주면 되겠지…….' 그때는 이미 늦습니다. 독서력은 유아기 때 얼마나 좋은 그림책을 접하느냐, 그래서 풍부한 상상력을 키우느냐에 의해 결정됩니다.

또한 "소리 내어 읽어주고 이야기해 주는 그림책 체험은 다른 사람의 말에 귀를 기울여 듣는 힘을 길러준다. 듣는 경험이 많으면 마음껏 상상할 수 있는 상상 주머니를 만들어줄 수 있으며, 그림책 속에 인쇄되어 있는 그림은 정지된 화면이지만, 어린이에게 보이는 그림책은 살아 움직이고 있다. 귀로 들은 말이 그림을 움직이게 하며 그림책은 어른이 어린이에게 읽어주는 책이다"라고 정의했다.

문화센터에서 5~7세 아이들을 대상으로 수업을 진행할 때 있었던 일이다. 한스 안데르센 동화를 각색한 《성냥팔이 소녀》(길지연 글, 살리엠코 나탈리아 그림, 삼성출판사, 2003)가 있었다. 이 동화를 아이들에게 구연으로 읽어주고 동화의 내용을 퀴즈로 아이들에게 내주는 시간을 가졌다. 그런데 그날 수업 시간에 항상 밝았던 아이가 고개를 푹 숙이고 앉아 있는 게 보였다. 나는 가까이 다가가 "왜 그래? 친구랑 싸웠어?" 하고 물어보았지만 아이는 고개를 저으며 말이 없었다. 나는 다시 "왜 기분이 안 좋은 거야?" 하고 물어보았다. 아이는 한동안 말이 없었다.

내가 "선생님한테 작은 소리로 말해줄 수 있어?" 하자 아이는 귓속말로 "성냥팔이 소녀가 불쌍해요"라고 말을 하며 울먹울먹했다. 이유를 묻는 내게 아이는 "소녀가 가족도 없고 집도 없어서 불쌍해요"라고 말을 이어갔다. 나는 아이에게 "그럼 소녀를 어떻게 해주고 싶어?" 하고 물었고 아이는 "우리 집에 데리고 가서 제가 갖고 있는 인형이랑 엄마한테 맛있는 음식을 해달라고 해서 같이 먹고 같이 놀고 싶어요"라고 말했다. 나는 아이에게 "예쁜 생각을 했구나. 주위에 조금이라도 도움이 필요한 친구가 있다면 너의 예쁜 생각과 따뜻한 마음으로 친구를 도와주면 되는 거야. 네 마음이 중요해"라고 말했다. 그러자 아이는 고개를 끄덕끄덕하며 다른 아이들과 함께 미술활동을 이어갔다.

이처럼 소리 내서 읽어주는 그림책은 아이들의 상상력을 높일 뿐 아니라, 경험의 질도 높여준다. 이것이 내가 문화센터, 도서관, 교육원에 오는 아이들에게 동화책을 소리 내어 구연으로 읽어주는 것을 강조하는 이유다.

책 표지를 먼저 탐구하자

소리 내어 읽어주는 수업 외에 내가 또 하나 강조하는 게 있다. 바로 수업을 진행할 때 아이들에게 동화책을 읽기 전에 책표지부터 살펴볼 수 있게 질문으로 유도하는 것이다. 겉표지와 뒤표지의 그림을 보고 질문을 하면 아이들은 표지의 그림을 보고 각자 자신들의 생각을 열심히 발표한다.

간혹 수업하려는 책을 먼저 접해보고 온 아이들은 "겉표지와 뒤표지를 보면 책의 내용을 알 수 있어요" 하며 말하기도 한다. 이렇게 동화책의 표지에는 동화의 내용이 함축성 있게 표현되어 있으며 활짝 펼쳤을 때 한 장면으로 연결되어있는 그림은 동화책 속 이야기를 상상해 보는 데 큰 도움을 준다. 또한 동화책의 겉표지는 그 자체로 미술관에서 그림을 보는 것처럼 다양한 미술의 표현기법과 장르를 접할 수 있는 기회도 제공한다.

마르쿠스 피스터가 쓰고 그린 《무지개 물고기》(공경희 역, 시공주니어, 1994)는 세계 걸작 그림책으로 오랫동안 사랑받는 작품이

다. 특히 표지의 알록달록 반짝이는 무지개 비늘이 특수하게 인쇄되어 있어 아이들은 입체감을 느껴가며 만지는 즐거움을 느끼곤 한다.

그런가 하면 앞에서 살펴 봤던 《아주아주 배고픈 애벌레》는 본문이 재미나게 구성된 그림책이다. 애벌레가 시간이 지나면서 점차 번데기가 되고 나비가 되어가는 과정을 그렸는데, 그 과정을 매우 다양한 크기의 종이와 구멍 뚫린 열매로 표현하고 있어 아이들에게 책을 읽어 줄 때 지루함을 모르고 집중하는 모습을 볼 수 있다. 책 표지에 커다란 녹색의 애벌레가 아이들의 시선을 사로잡는 것은 물론이다.

에릭 칼 글·그림, 《아주아주 배고픈 애벌레》, 김세실 역, 시공주니어, 2022

선생님보다 부모가 읽어주는 것이 훨씬 좋다

앞에서도 말했듯 영유아기의 동화책은 누구보다 부모가 읽어주는 것이 좋다. 그 이유는 아이가 글자를 읽을 수 있다고 해도 배경 지식이 많이 부족해 책의 내용보다는 글자를 읽는 데 집중하다 보니 책의 내용을 제대로 이해하기는 쉽지가 않기 때문이다. 실제로 아이는 책을 읽느라 무슨 뜻인지 몰라 하는 경우가 있으므로, 4~7세에는 아이들이 책에 관심과 흥미를 갖고 즐기면서 책을 접할 수 있게 부모가 읽어주는 게 아이가 동화의 이야기를 이해하는 데 도움이 된다.

이 시기에 책을 좋아하는 아이들은 책을 즐겁고 행복한 친구로 생각하게 되므로 10세까지는 부모가 계속 읽어주는 것이 좋다. 부모가 책을 읽어주면 아이는 책을 통해 이야기를 들으며 간접적으로 접한 동화 속 지식과 놀이를 통한 경험이 아이에게는 통합적 배경 지식으로 오래 기억될 수 있다.

또 아이들이 동화책을 쉽게 접할 수 있게 책꽂이가 아닌 아이가 오래 머무르는 장소나 거실에 세워두면 좋다. 아이가 쉽게 오가며 도서를 자연스럽게 접할 수 있는 분위기를 만들어주면 아이가 놀이를 하면서 자연스럽게 책과 친해질 수 있다. 또한 이 시기에 접한 책들은 아이가 생활하는 데 많이 도움이 되며 동화의 내용을 읽고 듣고 생각하며 미술활동으로 연결해 표현하면 동화 속의 내용을 다시 한번 기억하게 되는 방법이 될 수 있다.

부모가 읽어주는 것의 가장 큰 장점은 아이와 안정된 애착 관계를 잘 형성할 수 있기 때문이다. 부모와 애착 관계가 잘 형성된 아이들은 정서적으로 안정된 상태에서 잘 성장할 수 있을 뿐 아니라, 안정된 정서에서 책을 통해 배우는 간접 지식은 오래 기억될 뿐 아니라 아이들에게 통합적인 사고력을 증진시키는 데 매우 큰 도움이 되어준다.

부모와 자녀가 애착 관계를 형성하는 데 도움이 되는 책으로는 버나뎃 로제티 슈스탁이 쓰고 캐롤라인 제인 처치가 그린《사랑해 사랑해 사랑해》(신형건 역, 보물창고, 2021), 앤서니 브라운의《우리 아빠가 최고야》(최윤정 역, 킨더랜드, 2007), 최재숙이 쓰고 한병호가 그린《간질간질》(보림, 2014) 등이 대표적이다.

내용을 아는 상태에서 천천히 '이야기'를 들려주듯 읽어주자

나는 부모님들한테 책을 읽어주실 때는 재미있게 이야기로 들려주셔야 아이가 책 속 이야기에 몰입이 되는 모습을 볼 수 있으며, 자기의 생각을 자유롭게 문장으로 표현하는 모습을 볼 수 있다고 말씀드렸다.

부모든 주 양육자든 아이들에게 책을 읽어줄 때는 읽어주는 사람이 충분히 한 번 읽고 난 뒤에 천천히 읽어주는 게 좋다. 읽어주는 사람이 내용을 숙지한 뒤에 읽어주면 더욱 생동감 있게 전달할 수 있고 또 속도를 천천히 하면 아이들은 그림을 충분히 탐색할 수 있게 되므로 책 안에서 놀이와 재미를 느끼고 교감할 수 있게 된다. 책을 소리 내어 읽어주면 아이들은 다양한 어휘와 표현을 귀로 들으면서 머릿속에서 이를 시각화하므로 언어적 감각이 길러질 수 있다.

동화책을 읽어줄 때 주의점은 아이에게 '이야기'를 들려준다는 목적으로 읽어주어야 한다는 것이다. 읽는 행위 자체가 목적이 되어서는 안 된다. 한번은 내가 수업을 끝내고 나오는데 한 아이가 "선생님 동화책 한번 더 읽어주세요" 하고 요청해 왔다. 나는 바로 그 뒤에 수업이 있어서 "엄마한테 '읽어주세요' 하면 어떨까?" 하고 물었는데, 아이의 대답이 의외였다. "엄마가 읽어주는 거 재미없어요." 내가 그 이유를 묻자 아이는 "엄마는 책 읽다가 자꾸 물어봐서 재미 없어요"라고 대답을 한 기억이 난다.

아이가 집중해서 동화를 이야기로 들을 수 있게 하고 연결된 질문을 하는 것보다 그림책 한 권으로 아이의 마음을 읽어낼 수 있는 게 좋다. 질문을 하면 아이는 공부라는 생각을 하게 되므로 재미를 느낄 수가 없다. 아이와 함께 동화책을 글자로 읽고 난 후 아이가 또 읽어주기를 원하면 그때는 그림을 위주로 읽어주면 아이는 또 다른 즐거움을 경험할 수 있다.

문화센터에서 수업을 하다 보면 유아기 아이들에게 가장 인기가 높은 이야기책이 있다. 바로 베르너 홀츠바르트 글, 볼프 예를브루흐 그림의 책 《누가 내 머리에 똥쌌어?》(사계절, 2002)가 그것이다. 발달 시기상 아이들이 '똥'을 좋아하는 시기이기도 하고, 또 작가들의 발상이 매우 기발해서 수업할 때 늘 반응이 좋다. 이 책을 읽은 뒤 아이들과 찰흙을 사용해 미술활동을 이어간다. 아이들은 직접 모양이 제각각 다른 동물들의 '똥'을 만들면서 소근육 발달도 시키고 동화 속 스토리도 기억하는 시간을 갖는다. 때로는 저마다의 '똥' 이야기를 하면서 한바탕 웃기도 한다.

이처럼 유아 시기에 접한 책의 내용을 읽고 듣고 생각하고 표현하는 융합 교육 프로그램은 다양한 방법으로 동화 속 내용을 기억하게 할 수 있다.

저스트 리딩!
읽어주기만 해도 좋다

유대감의
가장 큰 도구, 책

책은 그 누구보다 엄마, 아빠 또는 주된 양육자가 읽어주는 것이 좋다. 그리고 책을 읽어줄 때는, 그저 '읽기'에만 집중하는 것이 가장 좋다. 주 양육자가 읽어주어야 하는 이유는 가장 가까이에서 아이를 키우는 사람이 읽어주어야 아이가 어릴 때부터 책과 친해질 수 있는 힘을 길러주는 데 도움이 되기 때문이다. 또 책을 통해서 아이와 부모, 또는 주 양육자가 서로 유대감을 형성할 수 있게 되기 때문이다.

엄마나 아빠가 아이에게 책을 읽어주면 정서적 안정감을 갖게 할 수 있으며, 독서 습관을 기르는 데 많은 영향을 준다고 한다. 또, 아이가 스스로 책을 읽을 수 있더라도 엄마의 다정하고 사랑스러운 목소리와 아빠의 울림 있는 목소리로 읽어주면 아이는 더 큰 행복을 느낀다고 한다.

아이는 부모가 책을 읽어주면 그 순간을 기억한다. 그때의 기분 좋은 경험은 아이가 커서 좋은 독서 습관을 갖는 데 도움이 된다고 한다. 특히 아빠가 읽어줄 때 그 효과가 더 급증한다고 한다. 아빠의 책 읽기는 자녀의 어휘력 발달, 지능발달, 언어발달, 인지발달, 정서발달에 더 효과가 크고 아이가 훨씬 똑똑해진다는 하버드대 연구결과도 있다고 한다.

아이에게 책을 읽어줄 때는 띄어 읽기, 끊어 읽기, 쉬기, 마침표, 물음표, 느낌표 등 문장의 부호를 잘 살려서 읽어주면 아이가 스토리를 이해하는 데 도움이 된다.

그림으로 전하는 엄마의 온기와 사랑의 동화책 3권

《예쁜 우리 아가》(산드라 푸아로 쉐리프 글·그림, 한소원 역, 파랑새어린이, 2012)는 엄마의 깊은 애정을 이야기하는 책이다. 책장을 열면 장면마다 엄마 동물이 등장해서 아기 동물에 대한 깊은 사랑과 애정을 표현하는데, 각 장마다 공통으로 깔리는 노란 배경이 있다. 그 노란색은 책장을 넘길 때마다 점점 부풀어 올라 언덕처럼 높아진다. 맨 마지막 장에는 노란 언덕의 비밀이 밝혀진다. 바로 노란 원피스를 입은 엄마의 점점 불러오는 커다란 배였다는 것이다.

《안아 줘!》(제즈 앨버로우 글·그림, 웅진주니어, 2000)는 숲속에 들어간 아기 침팬지가 각각의 엄마 동물이 아기 동물을 안아주는 모습과 마주친다. 엄마 코끼리는 코로 아이 코끼리를 감싸서 안아주고, 엄마 뱀은 꼬리를 친친 감아 아기 뱀을 안아주고, 엄마 사자는 배 위에 아기 사자들을 포근하게 안아준다. 아기 침팬지는 점점 엄마가 그리워지고 결국 울음을 터트리는데, 그 순간 엄마 침팬지와 아기 침팬치가 부둥켜 안은 모습은 사랑과 만족감으로 충만함을 보여준다.

《엄마를 잠깐 잃어버렸어요》(크리스 호튼 글·그림, 김상미 역, 보림, 2009)는 꾸벅꾸벅 졸던 아기 부엉이가 나무에서 떨어지면서 엄마를 잃어버리는 내용이 나온다. 그런 아기 부엉이를 보고 걱정이 된 다람쥐 아줌마가 엄마를 찾아주겠다며 나서지만 엉뚱한 동물에게 데려간다. 아기 부엉이의 인내심 끝에 다행히 개구리가 나타나 진짜 엄마가 있는 곳을 알려준다. 엄마 부엉이는 눈물을 뚝뚝 흘리며 아기 부엉이를 찾고 있었고 아기 부엉이는 무사히 엄마 품에 안긴다.

이 그림책들을 읽어줄 때마다 아이들이 보인 반응은 같았다. 엄마를 생각하면서 우리 엄마도 나에게 이런 마음을 가졌겠지, 하는 안심과 대리만족이 그것이다. 그냥 읽어주는 것만으로도 엄마와의 유대감과 애착 형성을 유도할 수 있어, 내가 4~6세 아이들에게 많이 들려주었던 동화책이다. 각 가정에서도 잠자리용 동화책으로 강력 추천한다.

되묻는 질문은 이렇게 하라

나는 책을 읽을 때 그림책의 겉표지와 뒤표지의 그림을 살펴보면서 아이들에게 동화의 스토리를 미루어 추측해 보자고 유도하곤 한다. 그림책의 겉표지는 동화책의 스토리를 암시하는 동시에 책의 얼굴이기도 하다. 뒤표지는 앞표지보다는 눈에 띄지 않지만 앞표지를 보조해 주는 역할을 또는 이야기가 끝난 뒤 여운을 남기는 역할을 한다.

나는 아이들에게 책을 읽어줄 때는 그냥 할머니가, 엄마가, 아빠가 읽어주는 것처럼 이야기 형식으로 책을 읽어주고 아이와 이야기 형식으로 질문도 하고 아이의 생각을 물어보기도 하고 이해를 못 했을 경우 그 부분을 다시 읽어주기도 한다. 아이들은 책을 읽어주는 도중에도 궁금하면 바로 질문을 한다.

나는 아이들이 질문을 할 경우 다시 질문을 아이에게 던진다. 아이들에게 되묻는 질문을 하는 이유는 아이가 질문한 내용을 다시 한번 스스로 생각을 할 수 있는 기회를 주기 위해서다.

내가 되묻는 질문을 할 때 아이들에게 읽어주는 동화책은 《도깨비 옷에 구멍이 뽕!》(박영란 글, 김원희 그림, 곧은나무, 2006)이다. 입으면 몸이 사라지는 도깨비 옷을 발견한 나무꾼이 몰래 다른 사람들의 물건을 훔치다가 걸리는 내용이다(자세한 줄거리는 '4장 도깨비 옷에 구멍이 뽕!' 내용을 참고하라).

"주인을 찾아주어야 해요"

나는 이야기를 들려주고 아이들에게 동화 속에 등장하는 나무꾼은 어떤 사람이라고 생각이 드는지 물어보았다. 그러자 아이들은 나무꾼은 나쁜 사람이라고 대답했다. "그럼 나무꾼의 어떤 행동이 잘못된 것이라고 생각하니?" 하고 다시 묻자, 아이들은 각자의 생각들을 이야기하기 시작했다.

"나무꾼은 욕심쟁이에요", "나무꾼은 도둑질을 계속 했으니 잡혀도 싸요", "나무꾼은 남의 물건을 가지고 오면 안 되는걸 모르나봐요" 등 아이들은 저마다 나무꾼에 대해 느낀 점을 이야기했다.

나는 아이들에게 "다른 사람의 물건을 주우면 어떻게 해야 할까?" 물었다. 그러자 모두가 이구동성으로 "주인을 찾아주어야 해요"라고 말했다. 그러면서 어떤 아이는 "자기 물건이 아닌 것은 절대 만지면 안 돼요. 나무꾼이 도깨비 옷을 가지고 온 것부터가 잘못이에요"라고 했다. 나는 아이에게 맞다고 이야기하고는 "남의 물건을 발견했다면 어떤 방법으로 찾아줘야 할까?"하고 질문했다. 그러자 "잃어버린 물건은 경찰서에 신고해야 해요", "아니야, 분실문 센터에 갖다 줘야지", "우체통에 넣으면 돼"라며 서로의 생각을 이야기했다. 우체통 이야기에 한 아이가 "편지가 아닌데 우체통에는 왜 넣어!" 하면서 아이들은 서로 이야기꽃을 피웠다.

나는 아이들에게 마지막으로 또 한 번 물었다. "얘들아! 나무꾼의 행동은 잘못된 것이지?" 아이들은 이구동성으로 "네" 하고 대답했다.

4장의 북아트로 엮는 우리들의 추석 스토리

저마다의 추석이 지나면

추석이 지나고 나면 나는 아이들에게 추석 때 있었던 일을 물어본다. 그러면 아이들은 저마다 추석 동안 만났던 친지들, 차례상 놓고 절했던 일, 송편 만든 일 등 다양한 이야기를 꺼내놓는다.

어떤 아이들은 "집에서 실컷 쉬었어요"라고 답하기도 하고 "놀러 가서 수영장에서 하루 종일 놀았어요" 하는 아이도 있다. 그중에 추석날 집에 있었다고 하는 아이에게 뭘 하면서 지냈냐고 물어보았다. 그러자 아이는 게임도 하고 윷놀이도 했다고 답해주었다.

솔이네의 한바탕 추석

그렇게 한바탕 아이들과 추석 때 한 일에 대해 이야기를 나누고 나면, 나는 아이들에게 《솔이의 추석 이야기》를 읽어준다.

솔이네 가족은 할머니 댁에서 추석을 보내기 위해 아침 일찍 집을 나선다. 할머니 댁에 가려고 버스터미널에서 버스를 타고 가는데 도로 위에는 고향에 가는 버스와 차들이 너무 많아서 차가 움직이지 않는다. 차가 움직이지 않자 사람들은 밖으로 나와 준비해 온 음식들을 꺼내 먹는다. 비록 차가 막히고 지루할 수 있는 고향길이 음식을 나누어 먹으면서 즐거운 길로 바뀐다.

솔이네 가족은 버스에서 내려 할머니 댁으로 걸어가는데 할머니는 먼저 마중 나오셔서 솔이를 보고 반가워하신다. 다음 날 솔이네는 온 가족이 한자리에 모여서 송편을 만들고 보름달을 구경하면서 정겨운 시간을 보낸다.

추석날 아침, 가족들은 조상들에게 차례를 지내고 꼬불꼬불 산길로 성묘를 간다. 가는 길에는 풍물놀이를 하는 농악대가 흥겨운 장단을 펼쳐놓으며, 그 장단에 온 동네가 어깨춤을 들썩이며 덩실덩실 신명 나게 춤을 춘다.

추석을 보내고 서울로 올라오는 날 할머니는 솔이네 가족에게 농사지은 햇곡식과 햇과일, 울퉁불퉁 호박과 고소한 참기름 등을 잔뜩 보자기에 싸 주셨다. 그렇게 솔이네는 할머니께서 꼭

이억배 글·그림, 《솔이의 추석 이야기》, 길벗어린이, 1995

꼭 싸 주신 한 보따리를 들고 밤늦게 서울에 도착한다. 솔이는 아빠 등에 업혀서 할머니 꿈을 꾸고 아빠는 집에 도착해서 할머니에게 잘 도착했다고 문안 전화를 드리고 이야기는 끝이 난다.

동화 이야기를 현실로 이어 가기

나는 책을 읽은 후 동화 속 이야기와 수업을 연결해 진행한다. 동화 속 솔이네 가족은 모두 모여 송편을 만든다. 그래서 아이들에게 "너희들은 집에서 송편을 만들어 보았니?"라고 물어보았다.

아이들의 대답은 각양각색이다. 송편을 만들었는데 깨 송편

만 골라서 먹으려고 송편에다가 표시를 했다는 아이도 있고, 엄마와 떡집에 송편 사러 갔다가 꿀떡까지 사 왔다고 답하는 아이, 송편보다는 백설기가 더 맛있다는 아이 등 저마다 자기가 좋아하는 떡 이야기를 풀어놓았다.

송편 이야기가 끝나면 보름달과 소원 비는 이야기로 넘어간다. "추석 날 보름달 보고 소원 빌어본 사람? 추석 때 소원 못 빈 사람은 지금이라도 빌고 싶은 것 이야기해 보자" 하고 아이들에게 물으면 아이들은 저마다의 소원을 또 꺼내놓는다. "저는 엄마가 게임기 사 주게 해달라고 기도했어요", "저는 새로 나온 BTS 앨범 받게 해달라고 빌었어요", "강아지 키우는 거 허락해달라고 빌었어요" 등등 자기 소원을 서로 먼저 털어놓느라 정신이 없다.

아이들과 이처럼 한바탕 웃으며 송편과 소원 이야기로 시간을 보내고 난 뒤에는 풍물놀이 이야기를 또 나눈다. 그러면서 자연스럽게 우리나라 전통놀이를 알아보고 체험하는 시간도 갖는다. 이렇게 이야기를 이어가면《솔이의 추석 이야기》한 권을 읽고도 아이들과 이야기보따리를 가득 채워 넣을 수 있게 된다.

다양한 종이접기의 세계

나는 초등학교 때 친구들과 신문지를 가지고 여러 모양으로 접어 놀곤 했다. 모자를 접어서 써

보기도 하고, 딱지를 접어서 시합도 해보고 배나 비행기 등을 접어서 물에 띄우고 하늘로 날리며 놀았던 기억이 난다. 종이접기는 양손의 손가락이 자극되어 두뇌 발달에 좋은 영향을 준다. 또한 눈과 손을 같이 사용하므로 신체가 균형 있게 발달하고, 정해진 규칙에 따라서 모서리와 모서리를 맞추어 가며 종이를 접기에 집중력과 인내심을 기르는 데도 도움이 된다. 또 규칙에 따라 정확하게 접어 나온 결과물에 만족하며 성취감을 느낄 수 있다.

요즘은 종이접기용 색종이가 색깔도 다양할 뿐 아니라 모양도 다양해서 둥근 것, 길쭉한 것, 네모난 것 등 다양하게 골라 즐길 수 있다. 또한 종이를 접다 보면 수학에서 배우는 도형을 접할 수도 있다.

4장의 북아트로 꾸미는 저마다의 이야기

《솔이의 추석 이야기》를 마무리하는 수업으로는 4장의 북아트 수업을 진행했다. 북아트는 글과 그림이 결합한 것으로 융합적 사고능력과 예술성을 키울 수 있는 수업이다.

북아트를 만드는 방법은 여러 가지가 있다. 종이는 한 가지 색으로 된 한지도 좋고, 색종이도 좋고, 색 도화지도 좋다. 각 종이를 접어서 소책자처럼 만들어도 좋고 해가 지난 탁상 달력은 그 자체에 그림을 오려 붙이거나 접어서 응용해도 좋다. 또 어릴 적에 읽었던 동화책을 재활용해 입체동화책인 팝업북을 만드는 방법도 있다.

이렇게 다양한 방법 중에 나는 아이들과 색종이를 접어서 북아트를 만드는 수업을 진행했다. 먼저 아이들에게 동화의 내용을 연결해 직접 글을 쓰고 그에 맞는 그림을 그려 이야기를 만들어보도록 했다. 북을 작성하고 나서 느낀 점도 북아트에 적거나 그려서 표현하도록 지도했다. 아이들에게는 가이드를 주어야 하기에, 색종이 접기의 기본 접기인 삼각 주머니 접기, 사각 주머니 접기, 문 접기, 방석 접기, 학 접기, 아이스크림 접기, 꽃 접기를 알려준 뒤에 방석 접기를 활용해 4장의 북에 붙이고 그려서 저마다의 추석 이야기를 써보라고 했다.

아이들과 종이 접기 수업을 하다 보면 손재주가 있는 아이, 손이 조금은 느려도 매우 꼼꼼하게 접으려 애쓰는 아이, 정교함보다는 속도에 중점을 두는 아이 등 아이들마다 개성과 특성이 드러난다. 그러나 종이접기에 익숙한 아이든 미숙한 아이든 북아트 활동에 매우 적극적으로 참여했다. 종이 접기가 서툰 아이에게는 익숙한 아이가 가르쳐주기도 하는 등 협동하는 모습도 많이 보여주었다.

북아트로 그리는 할머니, 할아버지

추석 이야기로 북아트 수업을 하면서 “솔이는 친할머니댁에 갔을까? 외할머니댁에 갔을까?” 하고 물어보았다. 아이들의 대답은 뜻밖이었다. 한 아이가 “나는 과수원 할머니만 있어요” 하고 대답을 하자 다른 아이는 “나는 상도동 할아버지, 할머니 있어요”라고 아주 자연스럽게 말했다.

그래서 아이들에게 친가와 외가의 차이점을 설명해 주고 외할머니 가족과 친할머니 가족을 북아트에 그려보자고 했다. 그러고 나서 이어 할머니, 할아버지 이름을 쓰는 활동으로 이어갔다. 그다음 엄마, 아빠 이름을 차례로 적었다.

북아트는 이처럼 한 권의 동화를 읽고 다양한 활동으로 이어갈 수 있다. 글과 그림으로 동시에 표현할 수도 있고, 아이에 따라 글로만 또는 그림으로만 표현해도 좋다. 때로는 사진이나 나뭇잎 등의 실물을 붙여 완성해도 좋다. 북아트 수업의 목적은 아이들이 저마다 자유로운 형식으로 종이를 접어서 북아트를 만들고 내용을 채워가는 과정을 즐기게 하기 위함이다. 그 외에도 북아트 활동을 할 수 있는 것은 많다.

미술활동 이어가기

방석 접어서 액자 만들어 그림 그려 넣기

아주 간단히 접고 활동할 수 있는 놀이라 유아·초등생 아이들이 하기에 아주 좋다.

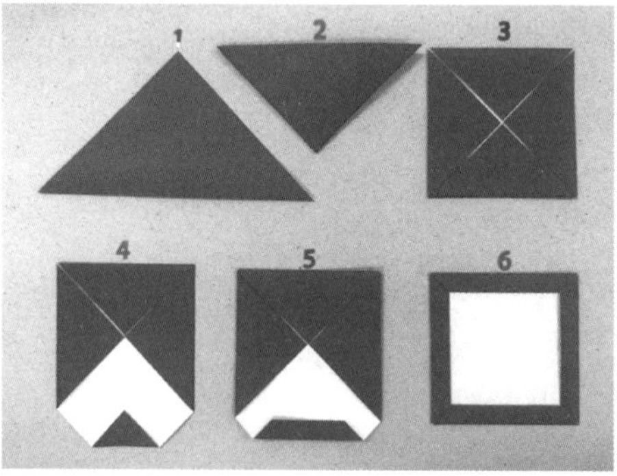

방석 접기로 액자 모양 만들기

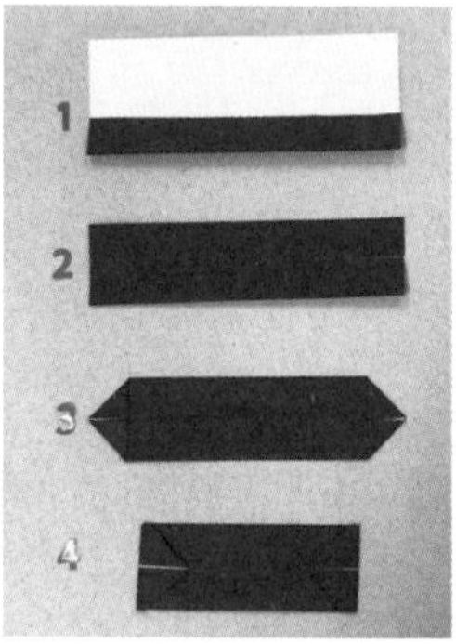

액자 접기 연결 부분

1. 단면 색종이(15×15cm) 5장을 이용해 방석 접기를 한다.
2. 다 접은 후 테두리는 액자 접기로 해서 4장을 만든다.
3. 액자 접기를 한 후, 색종이 흰색 면 위에 주제에 어울리는 그림을 그리고 색칠한다.
4. 액자 안에 그림을 넣은 후 연결하면 색종이로 간단히 북아트를 할 수 있다.

미술활동 이어가기

사계절 표현해 북아트 만들기

사계절을 주제로 한 북아트

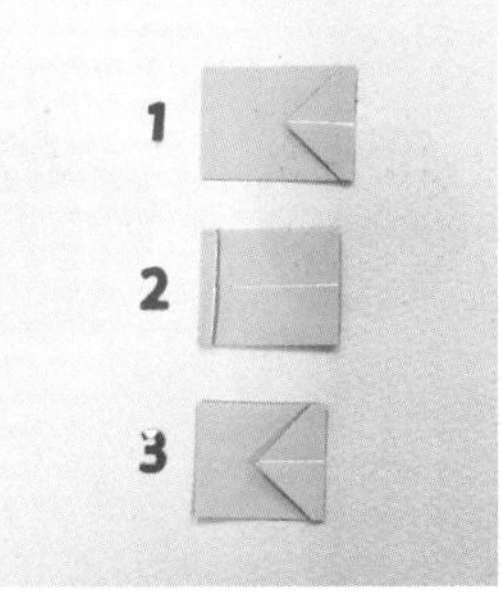

북아트 고리 접기

색종이로 봄, 여름, 가을, 겨울, 사계절을 대표하는 꽃 또는 나무들을 그려 4장의 액자를 만들어 책으로 만든다. 앞 활동에서 했던 방석 접기와 액자 접기를 활용한다.

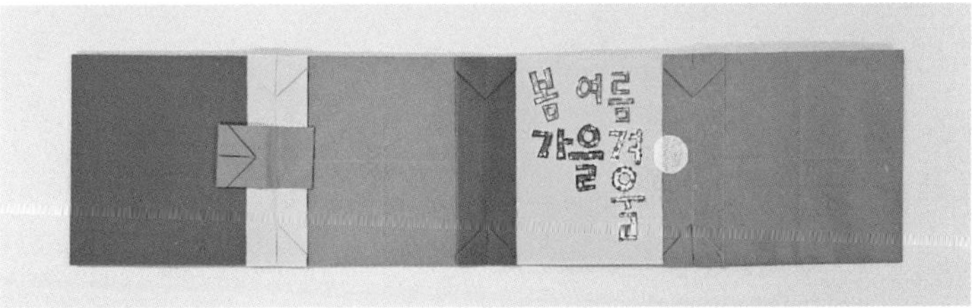

미술활동 이어가기

과일 북아트 책 만들기

가을에 먹을 수 있는 과일에 대해서 알아보고, 색종이로 가을 과일을 접어서 붙여 과일 북아트 책을 만드는 것이다. 색종이를 구긴 후 펴서 과일이나 채소를 그리고 가위로 오린 후 표현하면 과일과 채소가 입체감 있게 표현될 수 있다.

책만 읽으려 하거나 한 분야의 책만 읽는 아이에게는 이렇게 하자

책 때문에 고민하는 부모들

독서 미술 수업에 아이들을 보내는 부모님들의 걱정을 들어보면 크게 두세 가지 양상으로 나타난다.

먼저 책에는 전혀 관심이 없는 경우다. 내가 지도하던 아이 중에도 그런 아이가 있었는데, 하루는 동화책을 옆구리에 끼고 수업에 들어왔다. 그러고는 "선생님, 안녕하세요"라고 인사가 끝나자마자 아이는 "저 오늘 이 책을 다 읽으면 용돈 생겨요. 아빠가 이 책을 다 읽으면 용돈을 주신다고 하셨어요" 하며 신나서 이야기를 했다. 나는 "오늘 다 읽을 수 있어?" 하고 묻자, "그럼요. 앞부분, 중간부분, 끝부분 읽으면 줄거리를 알 수 있어요"라고 대답했다.

이렇게 책에 관심이 없는 아이가 있는가 하면, 책에 너무 과도하게 몰입해, 걱정이라는 부모님을 만나게 된다. 아이가 친구들과 밖에서 활동은 안 하고 책만 보려는 경우다. 이런 아이들은 엄마가 걱정되는 마음에 바깥에 바람을 쐬러 가자고 꼬드겨도 "교보문고 가요"라고 하는 아이들이다. 물론 책을 읽는 습관은 좋지만 너무 책만 읽어서 걱정인 경우다.

아이가 한 가지 종류의 책만 찾아서 읽는, '편독'하는 경우도 있다. 내가 지도하던 아이 중에 뱀이 나오는 책에 관심이 아주 많은 아이가 있었다. 그 아이는 뱀 책만 읽어서 어머니가 매우 걱정을 했다. 세상에 재미있는 책이 얼마나 다양하고 많은데 맨날 뱀 책만 보느냐고 그 어머니는 아이만 보면 안타까워했다. 게다가 그 아이는 그림도 뱀만 그린다고 했다.

참다못한 어머니가 아이에게 뱀 그리기를 금지하자, 아이는 나에게 미술 수업을 온 날 이렇게 물었다. "선생님, 미술 시간에 뱀 그려도 돼요?" 나는 아이에게 "10분 동안만 그리고 수업하는 거야"라는 다짐을 받고 수업을 했던 기억이 있다.

아이가 뱀을 계속 그리는 이유는 단순하다. 뱀에 관심이 있고 뱀에 흥미가 있기 때문이다. 나는 수업이 끝나고 나오면서 나는 아이 엄마에게 "뱀을 그리지 못하게 하면 아이는 더 숨어서 그리게 될 거예요"라고 말한 뒤에 아이의 궁금증과 호기심이 충족될 때까지 엄마가 오히려 아이와 뱀 이야기를 마음껏 나누시라고 제안했다.

다음 번 수업에 갔을 때 아이는 신나게 자기가 그린 뱀 그림을 보여주었다. 그러면서 "이거, 엄마랑 같이 그린 거예요. 엄마가 나무 색칠해 주었어요"라며 자랑했다.

아이들의 관심 분야는 다양하며 머릿수만큼 많다

나는 책 때문에 걱정하는 부모들에게 크게 염려하지 말라고 한다. 그렇게 말하는 이유는 두 가지다.

아이들마다 생각 주머니가 다르다

새 학기가 시작될 즈음 아이들에게 '땅속 봄 이야기'를 주제로 그림을 표현해 보기로 했다. 어떤 아이는 땅속 친구들이라며 지렁이, 돌, 나무뿌리, 벌레, 땅 위에는 꽃과 나비 나무를 그려 넣었고 어떤 아이는 하굣길에 맨홀 뚜껑이 열려있어서 그 안을 들여다보았는데, 땅속에서 사람들이 일을 하고 있었다며 땅속 그림으로 일하는 아저씨들을 그렸다. 그러고는 가스 배관과 수도배관 등이 지나가는 모습을 아주 섬세하게 표현해 냈다.

또 다른 아이는 "선생님 땅속에서 잠자는 동물을 그려도 되나요?"라고 물어왔다. 내가 "그래, 땅속의 봄은 어떻게 생겼을까 생각하고 상상해서 그려보자. 봄이니까 땅속에서 잠자고 있는 동물들은 다 깨어났을 것 같은데"라고 이야기하자 아이는 "그래도 아직 안 일어난 동물을 그리고 싶어요" 하며 자기의 생각을 굽히지 않은 아이도 있었다.

어떤 아이는 땅속 생물을 그리려고 하고, 어떤 아이는 잠자는 동물을 어떤 아이는 동물들이 잠자는 땅속 동굴을 또 어떤 아이는 책을 통해 간접적으로 접한 지식을 상상해서 그리는 모습도 볼 수 있다. 아이들은 주제를 하나를 주어도 아이들 머릿속의 생각 주머니는 다양하게 표현되는 모습을 볼 수 있다. 이처럼 아이들의 생각 주머니의 생각들이 다양한 경험들을 바탕으로 표현되므로 많은 경험을 할 수 있게 기회를 만들어주는 것도 어른들의 역할이라고 생각한다.

한쪽으로 치우친 관심과 궁금증은 아이들에게 자연스러운 현상이다

기억에 남는 여자아이가 있었다. 부모님이 아이가 공주 이야기만 읽고, 드레스만 입는다고 걱정이 이만저만이 아니었다. 세상에 용감하고 씩씩한 여자 이야기가 얼마나 많은데, 아직까지도 공주 타령이나(아이는 초등학교 4학년이었다) 하고 있는 게 걱정이라고 하셨다. 그래서 나는 아이에게 치마와 관련된 도서《치마를 입어야지, 아멜리아 블루머!》(섀너 코리 글, 체슬리 맥라렌 그림, 김서정 역, 미래엔아이세움, 2003)를 추천했다.

이 책의 주인공 아멜리아 블루머는 그 당시 여자들의 드레스가 너무 무겁고 길어서 온 길거리의 쓰레기를 쓸고 다니고 또 지나치게 무거워 행동에 제약이 있는 점에 반기를 들어, 바지를 만들어 입은 여성이다. 친구의 사촌인 리비가 입고 온 옷을 보고 "바로 그거야!" 하고 아멜리아가 말하면서 곧바로 재봉틀 앞에 앉아서 평퍼짐하고 활동하기 편한 바지를 만들어냈을 때 독자인 나 역시 아멜리아와 함께 얼마나 기뻐했는지. 주인공 아멜리아는 활동복 치마를 알리고 싶어 했고, 그 후 아멜리아의 활동 바지를 구입하겠다는 편지가 전국에서 쏟아졌다. 이렇게 해서 새로운 스타일의 미국식 복장의 옷이 탄생했다.

아이들이 편중된 책을 읽는 것은 자연스러운 현상이다. 부모는 이때 아이의 관심을 억지로 다른 책으로 가져오느라 아이와 씨름하지 말고, 아이의 관심이 자연스럽게 다른 영역으로 확장될 수 있도록 지도해 주면 된다.

하나만 좋아하는 아이에게는

아이가 좋아하는 영역을 넓혀 가는 과정으로 미디어 매체를 이용해도 좋을 것 같다. 보통 부모님이 아이들과 같이 시간을 보내기 어렵거나 아이와 약속을 했을 때 아이 혼자 미디어를 접하게 하는 경우를 볼 수 있는데, 미디어를 아이가 접할 경우 어른이 같이 보면서 그림만 보는 것보다는 장면의 움직임을 보면서, 색의 아름다움이나 집의 형태, 나무의 모양, 꽃의 종류 등 아이와 함께 이야기를 나누면서 접하게 되면 아이가 그냥 지나가는 장면을 다시 한번 시각적으로 접하게 되므로 기억에 오래 남는 경우도 있다. 아이가 책에서 간접적으로 접한 내용을 박물관, 전시회, 동물원, 식물원 등 체험을 통해서 알고 있는 지식을 좀 더 구체적으로 접하고 관찰하게 되면 시각적으로 표현하게 될 경우 체험을 하지 못한 아이보다는 표현하는 데 섬세하고 자신감 있게 표현한다.

실제로 아이를 지도하다 보면 고집을 굽히지 않는 경우가 있다. 아이들이 좋아하는 색이 있으면 항상 좋아하는 색으로만 그리려고 하는 경우가 있다. 이럴 때 엄마들은 다른 색으로 그려보자며 크레파스의 색을 정해줘도 아이는 좋아하는 색으로 그리려고 한다.

이럴 때 부모님들은 아이가 좋아하는 색으로 말고 다른 색으로 그려보자고 유도할 것이다. 그런데 이런 경우에 선생님이나 부모님은 강요하기보다는 아이 스스로 바꿔서 표현할 수 있는 방법들을 제시해 주면 좋다. 예를 들면 부모님께서는 아이가 좋아하는 색으로 그리려고 하면 도화지(화지)를 아이가 좋아하는 색으로 바꿔서 주면 아이는 신나서 그림을 그리면서 도화지 색과 크레파스 색이 같으므로 금방 안 보이는 것을 알게 된다. 그러면 아이는 스스로 좋아하는 색보다 잘 보이는 색으로 바꿔서 그림을 그린다.

또는 작게 그림을 그리는 아이에게는 연필처럼 가는 펜보다는 굵은 크레파스나 굵은 사인펜을 주고 그릴 수 있게 지도하면 좋다. 아이는 작은 원을 그리면 점이 된다는 사실을 경험을 통해서 알 수 있으므로 아이는 스스로 점점 크게 그린다.

3장

그림 보따리로 표현하는 미술 놀이

아이들의 미술 발달 단계는 연령에 따라 다르다

저마다 좋아하는 게 다른 아이들

아이들에게 미술지도를 하다 보면 아이마다 좋아하는 활동이 다르다는 것을 매번 느낀다. 그림을 그리는 것을 좋아하는 아이, 색칠하기를 좋아하는 아이, 만들기를 좋아하는 아이, 꾸미기를 좋아하는 아이가 있는가 하면 전혀 미술에 관심이 없는 아이도 있다. 그런 아이들은 엄마 손잡고 천진난만하게 이곳은 무얼 하는 곳인가 하는 표정으로 들어온다. 정말 다양한 아이들을 만나고 지도해 오면서 아이들은 저마다의 성향으로 태어나고 자란다는 것을 경험한다.

그렇기에 미술 시간에 본인이 좋아하는 활동을 하는 날이면 아주 즐겁고 재미나게 활동하는 모습을 엿볼 수 있다. 하지만 미술에 관심이 없는 아이는 미술에 대한 관심과 자신감을 갖고 표현할 수 있도록 하는 데 주안점을 둔다. 내가 이 아이들에게 자주 쓰는 방법은 다양한 도형을 이용해 사물들을 쉽게 표현할 수 있도록 지도하는 것이다. 예를 들면 동그라미로 시계, 안경을 그리게 하고, 세모 모양으로는 피자 조각, 나무 등을 그리게 하면 아이는 미술에 대한 거부 반응이 조금씩 없어지면서 조금씩 '미술'이라는 활동에 관심과 자신감을 갖고 표현하는 모습을 볼 수 있다.

4~5세 아이들은 동그라미로 시작한다

아이들이 저마다 타고난 흥미와 관심, 성향이 다르듯 연령에 따라서도 미술 발달의 특징이 다르다. 그래서 우리 미술 수업에서는 아이들의 성향도 고려하지만 연령별로도 독서와 미술 수업을 나누어 진행한다.

요즘 엄마들은 유아동들에게 그림, 종이접기 같은 미술활동부터 태권도, 발레, 줄넘기 같은 체육활동, 피아노, 바이올린 같은 악기 레슨을 아주 어린 나이 때부터 시킨다. 그뿐 아니라 영어와 사고력 수학, 생활과학 등 공부에 도움이 되는 학습도 어릴 때부터 접하게 하며 생활 체험이나 놀이 수업처럼 오감을 자극할 수 있는 수업도 다양하게 접하게 한다. 내가 문화센터 수업을 하면서 아이들을 지도할 때도, 내게 수업을 받는 아이들이 2~3개 프로그램을 더 받고 있는 것을 흔히 볼 수 있었다.

그런 이유에서 나 역시 4~5세 아이들을 지도할 기회가 이전보다 많아졌는데, 이 시기 아이들의 특징은 매우 뚜렷하다. 4~5세 아이들은 집중력이 매우 짧고, 근육 발달이 미숙한 것이 특징이다. 따라서 미술 지도를 할 때 일정한 형태가 있는 것을 만들거나 그리게 하기보다는 소근육 발달에 초점을 맞추어 활동하도록 유도한다. 이를테면, 사과나 토끼, 집같이 특정한 사물을 그리도록 하기보다는 동그라미부터 그리게 한다.

또 이 시기는 다양하게 탐색하고, 경험을 축적하는 시기이기도 해서, 자기가 중요하다고 생각하는 사람은 크게 그리고 싫은 사람은 작게 그리는 등 자기중심적으로 왜곡해서 자신의 생각을 솔직하게 표현하는 모습을 볼 수 있다. 또한 이 시기 아이들은 소근육 발달과 촉감 놀이 위주로 해주어야 즐겁게 활동할 수 있으므로 집중력을 기르면서 아이가 열심히 몰입할 수 있는 활동으로 진행하는 프로그램이 좋다.

내가 주로 하는 활동은 찰흙이나 지점토를 이용한 미술 놀이다. 먼저 찰흙이나 지점토를 밀대로 밀어 두툼하게 편다. 준비해 둔 여러 가지 빨대를 다양한 길이로 자른다. 두툼하게 편 찰흙이나 지점토 위에 발바닥이나 손바닥 등을 그리고 그 위에 색색의 빨대를 꽂아 모양을 만들게 한다. 이런 활동을 하면 아이들은 차갑고 부드러운 점토의 질감 위에 알록달록한 색색의 빨대를 꽂으면서 집중하는 모습을 엿볼 수 있다.

실제로 이 수업을 진행했을 때 아이들은 아주 신중하게 빨대 색을 고르고 꽂으면서 진지하게 활동에 임한다. 이때는 숨소리만 들리고, 사뭇 진지해진다. 이 연령대의 아이들에게 그리기 활동을 지도할 때는 앞에서도 강조했듯 동그라미로 시작해 도형으로 표현할 수 있는 사물들을 그리게 한다. 동그라미도 크고 작고 변화 있게 그려서 아이가 실물의 크기를 인지하면서 그릴 수 있도록 동심원을 그리게 하거나, 무지개를 그려 색깔별로 칠하게 하는 것이 그 예다.

상상을 그리기 시작하는 6~7세 아이들은

유치원이나 어린이집에 다니는 6~7세 아이들은 보는 것을 그리지 않고 자신이 알고 있는 그림을 그리려고 하는 시기다. 이 시기의 아이들은 사람과 사람이 서로 개별적으로 독립된 상태를 표현해서 그리는 모습을 볼 수도 있고, 사람에 대한 표현이 좀 더 구체적으로 두드러지게 나타나는 시기다. 예를 들면 가족을 그릴 때 엄마, 아빠, 동생을 그리고 마지막에 나를 그리는 식이다. 가족을 그리되, 개별적인 공간을 차지하는 개인으로 그리는 것이다. 그래서 이 시기 아이들이 그리는 사람 모습은 거의 똑바로 정면을 보고 서 있는 그림이 대부분이다. 예를 들면 화지 위에 엄마가 서 있고, 엄마 옆에 아빠가 서 있고 아빠 옆에 나 순서로 그리고 나 옆에는 꽃이나 나무, 가로등 등으로 그림 속의 사람과 사람끼리 서로 붙지 않게 그리는 것이다.

또한 이 시기는 아이들이 눈, 코, 입, 귀, 몸통, 팔, 다리 등 사람 형태에 대한 인식, 사물에 대한 인지능력이 증가하기 시작한다. 그래서 실물을 보고 유사한 형태의 그림을 그리려고 하며 아이가 그림에 글씨를 쓰는 경우가 있다. 앞에서 가족 그림을 그린 경우 본인의 그림 위에 '엄마', '아빠', '동생', '나'처럼 각 인물 위에 글씨를 쓰는 아이들도 많이 볼 수 있다. 이때 그림에 글씨를 쓰는 아이는 본인의 그림을 보는 사람이 누구를 그렸는지 쉽게 알 수 있게 아주 섬세하게 글씨로 설명을 하는 역할을 하는 것이라 볼 수 있다.

이 시기 아이들에게 다양한 크기의 화지의 재질을 제공하면 이에 따라 표현하는 그림의 내용도 다양해져 재미있는 그림이 나온다. 재료는 화선지, 색 도화지, 색종이, 비닐과 쿠킹 포일, 색연필, 사인펜, 콜라주 재료 등 폭넓게 선택할 수 있다. 사용하는 미술 도구도 바꾸게 되면 아이는 다양한 경험을 바탕으로 자극도 받고, 표현력도 창작의 욕구도 생긴다. 이때 아이들에게는 칭찬도 많이 해주고, 자신감을 길러주는 것도 매우 중요하다.

8~9세, 표현력이 발달하는 시기

유치원을 졸업하고 초등학교에 입학할 나이 8~9세 아이들은 투시적 표현, 공간개념, 기저선(基底線)이 나타나기 시작한다. 기저선이란 어떤 양이나 값을 측정하거나 평가하는 데 쓰이는 기본적인 양 또는 값을 말하는데 미술에서의 기저선이란 공간개념과 사물의 유기적 관계가 그림에서 표현되는 것이며, 기저선을 그린다는 의미는 공간에 대한 개념이 생겼다는 의미이기도 하다.

예를 들면, 나무와 꽃을 그릴 때 도화지 위에 선을 그어 땅을 표시하고 바다나 수평선, 들판을 그릴 때 지평선을 그릴 줄 알게 된다. 또는 하늘 위를 떠가는 비행기를 그릴 때는 한 화면에서 기저선이 2개가 나타나기도 한다. 예를 들면 화지 위에 밑에 선을 그어서 땅을 표현하고, 땅 위에 자동차, 나무, 집, 건물, 사람들을 그리고, 하늘 위에는 구름을 기저선처럼 길게 그리고 구름 위에 비행기를 그리면, 한 화면에서 기저선이 2개로 표현되기도 한다.

투시적인 표현이라 함은 한 화면에 외부와 내부를 동시에 표현해 그리는 것이다. 나무를 그릴 때 땅 속의 뿌리와 땅 위의 나무나 꽃을 동시에 표현하고, 엄마가 임신한 모습을 그릴 때 엄마 배 속에 있는 아기를 그리는 경우가 여기에 포함된다. 집과 집 안에 들어 있는 사람, 자동차와 자동차에 탄 사람을 동시에 그리는 것도 일종의 투시적 표현의 하나다.

이 시기 아이들이 그림을 그릴 때 사용하면 좋은 재료는 크레용(색연필), 크레파스, 색분필 등이다. 색분필로 그림을 그릴 때 물에 설탕을 5:1 비율로 잘 녹인 다음, 물에 색분필을 담갔다가 빼서 그리면 그림이 선명하고, 분필 가루도 날리지 않는다.

교사는 모든 재료와 기법이 표현에 적절한 재료를 주는 것이 좋다. 직관력이 부족한 시기에 너무 많은 재료를 주는 것은 아이가 혼란스러워할 수도 있다.

초등학교 저학년, 인식 능력이 확장되다

9~11세 시기가 되면, 남자아이는 바지를 여자아이는 치마를 표현하는 시기이며, 인식 능력이 매우 높아지는 시기이므로 사물의 형태를 실물이나 자연에 가깝게 사실적으로 표현하려고 노력한다. 시각적 인식이 발달하면서 4~6세 그림에서 나타났던 과장된 표현이나 생략해서 표현하는 부분들을 사용하지 않게 된다. 또한 8~9세에 나타나기 시작한 기저선이 없어지기 시작해 공간의 의미를 알게 되면서 위에서 내려다본 모습을 표현할 줄 알게 된다.

이 시기에는 그림에서 표현해야 하는 중첩을 설명해 주어야 한다. 나는 중첩을 설명할 때 경험을 예를 들어서 설명하는 편이다. “얘들아, 공연을 보러 갔는데, 내 앞에 나보다 키 큰 사람이 앉아 있으면 안 보이는 경우가 있지? 이렇게 다른 물건에 의해서 가려져 보이지 않는 것을 중첩이라고 한단다”라고 설명을 하면, 아이들은 쉽게 이해한다.

이 시기에도 입체 조형 활동으로 찰흙이나 지점토는 아주 좋은 재료이다. 하지만 요즈음 아이들은 찰흙을 주면 “흙냄새를 맡으면 똥 냄새가 나요” 하고 만지기를 싫어하거나 꺼리는 아이들이 있어서 수업을 할 때 조금은 아쉽기도 하다. 그러나 자주 접하게 하면 금세 적응하는 게 또 아이들이다.

아이들을 지도하다 보면 아이들의 발달단계가 개인적으로 차이가 있다. 그래서 지도하는 교사는 발달 상황을 보고, 그 단계에 맞는 동기부여를 할 수 있어야 한다. 미술은 수학, 과학같이 답이 정해져 있는 것이 아니라 아이들 자신이 보고, 듣고, 상상해 자기의 생각을 표현하는 활동이다.

아이들이 유치원이나, 학교에서 입체 활동 작품, 그리기 작품 꾸미기 활동을 하고 집에 작품을 가지고 갔을 때 가족들이 소중히 여기는 모습을 보여주어야 아이가 열심히 활동도 하고 자기 작품에 애착을 가질 수 있다.

사실 미술이라는 작업이 대단한 활동이 아니다. 하지만 미술 시간은 창의력과 탐구력을 기르는 데 도움이 된다. 개인적인 특성을 이해하고 미술교육의 목적인 창의적인 자기표현의 과정을 지속해 나갈 수 있도록 선생님과 부모님, 사회가 함께 역할을 해야 한다고 생각한다.

미술활동 이어가기

땅속에서 겨울잠을 자는 곰 그리기

8~9세 아이들과 투시적 그림을 그려볼 수 있는 소재로 겨울잠을 자는 동물을 그리면 좋다. 투시적 그림을 그리면 아이들은 눈에 보이는 것과 눈에 보이지는 않지만, 있다고 생각되는 것을 그릴 수 있다. 땅속에서 겨울잠을 자는 곰, 뱀, 개구리 등 아이들 각자가 좋아하는 동물을 그리는 시간을 가져보자.

미술활동
이어가기

엄마 배 속에서 놀고 있는 태아 그리기

동생이 있는 친구들은 동생을 생각하면서 엄마 배 속에 있는 태아를 그려보는 시간을 갖는다. 만약 동생이 없거나 외동인 아이들은 아이가 엄마 배 속에 있던 시기를 상상하면서 그리도록 지도한다.

도형으로 시작해 과일로 끝나요

도형을 그려볼까

그림을 지도하다 보면 그림을 잘 그려야 한다는 생각을 하는 아이, 그림을 어렵게 생각하는 아이, 본인이 못 그린다고 생각하는 아이를 의외로 많이 볼 수 있다. 나는 그림을 부담스러워하는 이런 아이들에게 동그라미, 세모, 네모 도형으로 쉽게 그릴 수 있는 방법을 알려준다. 그림 말고 도형을 그리라고 알려주면 아이의 표정이 밝아지는 모습을 볼 수 있었다.

나는 아이에게 "도형으로 한번 그려볼까?" 하고 가볍게 권한다. 그러면 아이는 마지못해 알겠다고 하고는 시도하는 모습을 볼 수 있다. 만약 아이가 본인이 그린 그림이 마음에 들면 엄마에게 "이거 내가 그렸어요" 말한다. 이때 엄마는 아이가 그린 그림을 보고 아끼지 않고 칭찬을 해주는 것이 좋다. 엄마와 선생님의 칭찬을 받은 아이는 의욕이 생기면서 그리기에 대한 자신감이 생겨난다.

동그라미를 이용해서 그릴 수 있는 게 무엇이 있을까

아이가 조금이라도 의욕을 보이고 나면 나는 다음 단계로 나아간다. 우선 아이들에게 "동그라미를 이용해서 그릴 수 있는 게 무엇이 있을까?" 하고 물어본다. 그러면 아이들은 생각나는 대로 이야기를 꺼내놓는다.

아이들의 다양한 대답을 듣고 나면, 나는 아이들에게 크기가 다른 10개의 동그라미를 그려보자고 한다. 그 이유는 다양하고 크기가 다른 사물을 그릴 때, 다양한 크기의 동그라미가 도움이 되기 때문이다. 예를 들면 동그란 과일을 그릴 때 수박과 앵두는 크기가 서로 다르다. 동물을 표현할 때도 엄마 곰 얼굴과 아기 곰 얼굴은 크기가 다르고, 다람쥐 얼굴도 크기가 다르기 때문이다.

다양한 크기의 동그라미 그리기를 마친 후, 큰 동그라미에 어울리는 사물, 작은 동그라미에 어울리는 사물들을 그려보자고 한다. 크기에 어울리는 과일을 그리면서 과일의 생김새, 과일 무늬와 과일의 크기를 그릴 수 있게 지도해 주면 아이들은 자연스럽게 관찰을 하고 똑같이 그리려고 한다.

아이들에게 사물 그리기를 지도하는 중에 한 아이가 빠르게 "선생님, 저 다 그렸어요"라고 손을 들었다. 나는 아이의 그림을 보았는데, 동그라미 10개가 오백 원짜리, 백 원짜리, 오십 원짜리, 십 원짜리로 표현되어 있었다. 나는 아이에게 동전을 자세히 보면 크기와 색깔이 다르다고 이야기를 해주면서 실제로 동전을 보여주었다. 이처럼 동그라미 그리기로 동전의 크기와 색깔을 보고 정확하게 알고 표현할 수 있도록 지도하는 것도 가능하다.

도형으로 표현할 수 있는 사물이 이렇게나 많다니

아이들에게 도형을 응용해 사람, 자동차 그리고 동물도 그릴 수 있다고 하면 아이들은 어떻게 도형으로 그리는지 궁금해하며, 조용히 집중해서 본다. 나는 이때도 아이들에게 도형의 크기는 다르게 표현되어야 한다고 이야기를 해준다.

도형으로 표현할 경우 한 가지 도형이 아닌 두 가지 이상 도형이 어우러져서 같이 표현되는 경우도 있다. 예를 들면, 사람을 도형으로 표현할 경우 몸통, 목, 팔, 다리는 네모로 표현이 가능하지만 얼굴, 눈, 귀, 입은 동그라미로 표현해야 한다. 자동차도 몸통, 창문, 룸미러, 사이드미러는 네모로 표현이 가능하지만 자동차 바퀴는 동그라미로 표현해야 하는 경우가 여기에 속한다.

그리고 도형으로 그림을 그린 후 다양한 감정을 그림으로 나타내려고 하면 더 많은 이야기가 있는 그림을 완성할 수 있다. 예를 들면 사람의 얼굴을 동그랗게 그린 후 얼굴에서 표현할 수 있는 놀란 얼굴, 웃는 얼굴, 찡그린 얼굴, 우는 얼굴, 슬픈 얼굴, 졸린 얼굴 등 다양한 감정을 표현할 수 있다.

또한 얼굴에 색을 칠하면서 색으로 감정을 표현할 수 있다. 화났을 때 빨간색, 놀랄 때 노란색, 무서울 때 파란색, 졸린 얼굴을 그릴 때 회색 등을 칠하면서 감정을 극대화하게 표현할 수 있다. 이 밖에도 동그란 사과를 그렸을 때 빨간 사과, 사과를 반으로 자른 사과, 오래되어 시들은 사과, 초록색 사과 등 다양한 종류의 사과를 관찰하고 느끼고 표현할 수 있게 동기부여를 해주면 좋다.

아이들에게는 경험보다 자신감이 우선한다

나는 다양한 도형의 화지를 이용해 활동하는 방법도 아이들에게 다양한 발상과 창의성을 계발할 수 있는 확산적 사고를 유도할 수 있다고 본다. 예를 들어 동그란 모양의 화지를 아이에게 주고 연상되는 것을 그리게 한다. 그러면 아이들은 동그란 벽시계와 피자를 그렸다. 그리고 색종이를 이용해 시계에 숫자를 표현하거나 피자 위에 토핑을 표현하기도 했다. 삼각형 모양의 화지는 트리 나무, 산, 팽이, 삼각형 모양의 조각 수박 등 다양한 표현을 하며, 화지 모양만으로도 동기를 유발할 수 있다.

아이들은 일반적인 직사각형의 흰색 도화지보다는 정사각형을 더 좋아한다. 아이들은 처음 접해보는 신기한 모양의 도화지에 관심을 보이며 표현하고자 하는 주제와 개성에 따라 자유롭게 표현할 수 있다. 그러므로 일률적인 모양과 색상에서 탈피하면 다양한 생각과 다양한 표현을 연상해 그릴 수 있다.

동그라미, 삼각형, 네모 도형으로 사물을 입체적으로 표현을 할 수도 있다. 예를 들면 원기둥을 응용해 컵이나 우리가 매일 사용하는 롤 휴지, 동그란 캔 등을 표현할 수 있고, 삼각기둥은 삼각 김밥, 삼각 모양의 샌드위치, 사각기둥은 주사위, 네모난 상자, 네모난 거울 등 입체 활동으로 연결해 표현할 수 있다.

아이들의 미술교육은 경험도 중요하지만 그보다 자신감이 먼저다. 그래서 내가 아이들과 미술 수업을 할 때 우선순위에 두는 것도 '자신감 키워주기'다. 잘 그린 그림과 못 그린 그림이 따로 있지 않다. 세상의 모든 그림은 다 개성이 있고 저마다 아름답다. 다만 아이들 스스로가 그렇게 느끼지 못할 뿐이다.

아이들에게 자기 그림에 대한 자신감, 자기가 그리는 행위 자체에 자신감을 갖게 하면 아이들은 새롭게 접하는 주제와 재료에서 늘 흥미를 느끼며 호기심과 자극을 받을 수 있다. 내 미술 독서 수업에서 가장 중요한 것은 창의적인 생각과 자신감을 길러주는 수업이다. 이것만 해결되면 그다음 단계는 자연스럽게 이어진다.

미술활동 이어가기

도형으로 시작해서 그림 그리기

그림을 싫어하거나 그리기에 자신이 없는 아이들에게 특히 좋은 활동이다. 동그라미를 그리고, 사과를 그린 뒤에, 자기 얼굴을 그려보게 한다.

동그라미와 네모로 자동차 그리기

얼굴형이 동그랗거나 길쭉한 모양, 세모난 모양 등 얼굴형은 제각각이다. 이때는 동그란 얼굴은 사과나 수박, 토마토처럼 동그란 과일로 이어주고, 길쭉한 아이는 참외나 레몬으로, 세모난 아이는 딸기로 그려주면 된다.

아이스크림도 먹고 그림도 그리고

아이들은 '거친 그림'을 좋아한다

아이들은 만들기(입체 조형 활동), 꾸미기(평면 조형 활동), 그리기 중에서 그리기 활동을 제일 힘들어 한다. 아이들이 그리기 활동을 안 좋아하는 가장 큰 이유가 바로 '흰색'의 깨끗함이 주는 부담감 때문이다.

그래서 아이들에게 그리기를 유도하고 싶을 때, 나는 화지를 종류별로 여러 개 준비한다. 아이들에게 거칠거칠한 재생용지, 사포, 아주 얇게 비치는 한지, 비닐(OHP 필름) 등 질감과 색이 각각 다른 화지를 나눠준 다음, 그리기 전에 먼저 화지를 만지면서 촉감을 느껴보도록 유도하고 느낌을 말할 수 있게 한다. 그런 다음 어떤 도구를 사용하면 좋을지 이야기를 나누면 아이들은 훨씬 친근하고 긍정적으로 그림 활동에 들어간다.

사포를 활용한 그리기는 대부분의 아이들이 즐겁게 참여한다. 수업을 하던 중 호기심이 많은 한 아이가 "선생님, 사포는 어떻게 만들어요?"라고 물어오기에, 본드와 모래를 섞어 헝겊 위에 뿌려야 한다고 설명해 주었더니 아이들은 매우 신기해했다. 본드와 모래가 섞여 뿌려진 헝겊 위에 그림을 그릴 수 있다는 사실 자체가 아이들의 흥미를 잔뜩 자극했다. 재료와 만드는 과정을 들은 아이들은 질감을 느껴보고 저마다 이렇게 말한다. "선생님, 진짜 모래를 뿌린 것처럼 사포가 거칠거칠해요!"

그래서 거친 질감의 사포 위에 그림을 그릴 때면 아이들에게 작고 섬세한 그림보다는 비행기, 곰, 자동차 등 크고 무게감이 있는 그림을 크레파스로 큼직큼직하게 그리게 유도한다. 그러면 엄청 커다란 나무를 그리거나 망가진 장난감을 일부러 그리는 아이도 나온다. 아이들의 상상이 재미있고 유쾌한 이유다.

작게만 그리는 아이들, 이래서 그렇다

아이들을 지도하다 보니 알게 된 점이 있는데, 바로 그림을 작게만 그리는 아이가 많다는 것이다. 그림을 작게 그리는 이유는 두 가지인데, 하나는 자신감이 없어서고 다른 하나는 그림을 많이 그리기 위해서다. 아이를 지도할 때 화지가 작아서 작게 그림을 그릴 경우에는 화지를 큰 종이로 바꿔주면 된다.

자신감이 없어서 작게 그리는 아이에게는 도화지 대신 사포를 주면 좋다. 사포 위에 그림을 작게 그리면 뭉개져 점이 되고 만다. 자신은 동그라미를 그리려 했는데 그것이 점이 되는 사실을 알게 되면 아이는 그렸던 동그라미보다 조금 더 크게 그리려고 노력하게 된다. 그리고 굵은 크레파스나 굵은 펜, 매직 등을 사용하면 그림을 점점 크게 그리는 습관을 들이게 된다.

매끄러운 화지도 이용하자

사포가 거친 화지라면, 매끄러운 질감의 화지도 이용해 보자. 매끄러운 질감의 비닐 또는 OHP 필름을 만져보게 하면 아이들은 "선생님, 미끌미끌해요", "미끄럽고 투명해서 그림을 그리면 어떤 느낌일지 궁금해요" 하며 화지의 질감을 적극적으로 표현한다.

OHP 필름이나 비닐 위에 그림을 그릴 경우는 사포와는 다르게 크게도 그릴 수 있고, 작고 섬세하게 그릴 수 있다. 아이들은 OHP 필름 위에 그림을 그리면서 "손에 힘을 안 주어도 미끌미끌해서 잘 그려져요", "OHP 필름 위에 크레파스가 아닌 유성 매직으로 그리니까 아주 잘 그려져서 기분이 좋아요"라면서 매우 신기해한다.

활동이 끝나고 나면 아이들은 제각각 화지의 재질과 그 위에 도구를 사용해 그렸을 때의 느낌을 자연스럽게 이야기나눈다. 사포같이 거친 화지를 경험하게 한 뒤 매끄러운 화지를 경험하게 하면, 촉감과 질감의 차이가 극명하게 대비되어 아이들이 더 흥미롭게 활동에 전념하는 것을 볼 수 있다. 흰 도화지가 아닌 다른 것으로 화지만 바꿔주었을 뿐인데 아이 스스로가 재미있게 잘 그리려고 노력하는 모습을 지켜볼 수 있다.

OHP 필름 위에 밑그림을 그릴 때 검은색 유성매직으로 그린다. 이후 색칠을 할 때는 필름을 뒤집어서 색칠을 해야 밑그림을 그린 검은색 라인과 채색하려는 색이 서로 섞이지 않으며 선명하게 칠할 수 있다. 밑그림을 그리는 과정에서 수정이 필요할 때는 지우개로 지우거나 아세톤으로 틀린 부분을 수정할 수 있다. 필름 위에 유성 매직으로 색칠을 한 후 쿠킹 포일을 살짝 구겼다 펴서 유성 매직으로 그린 OHP 필름 뒤에 쿠킹 포일을 붙이고, 테두리에 쿠킹 포일을 말아서 액자처럼 완성한 후 검은색 도화지 위에 붙이면 멋진 작품이 완성된다.

《무지개 물고기》는 이 수업과 잘 어울리는 도서로, 책을 읽은 후 OHP 필름 위에 동화 속에 등장하는 바닷속 친구들을 유성매직으로 그리는 활동을 연계하면 좋다. 색칠한 OHP 필름 뒤에 쿠킹 포일을 살짝 구긴 후 필름 뒤에 쿠킹 포일을 붙이고 테두리는 말아서 액자 테두리를 표현하고 양면테이프를 이용해 검은색

OHP 필름 위에 그린 무지개 물고기

도화지 위에 붙이면 멋진 하나의 작품이 완성된다. 《무지개 꽃이 피었어요》(마이클 그레니엣 글·그림, 길지연 역, 국민서관, 2002) 또한 잘 어울리는 도서로, 큰 꽃, 작은 꽃, 꽃과 친구가 될 수 있는 곤충들을 표현하면 재미있고 이야기가 있는 그림작품이 된다.

길어서 좋다,
화선지

아이들에게 붓글씨를 쓸 때 사용하는 기다란 화선지를 화지로 주고, 자유롭게 그리고 싶은 것을 그리라고 했다. 그랬더니 화선지를 가로로 놓고 기차를 타고 여행하는 모습이라며 기차와 바깥 풍경의 꽃, 나무, 집들을 그렸다. 또 다른 아이는 하늘에 떠 있는 기다란 비행기와 구름을 그렸으며, 또, 기다란 화선지를 세로로 세워서 높은 아파트를 그리는 아이, 사막에 기다란 선인장을 그린 아이 등 아이들마다 다양하고 재미있는 주제로 표현을 했다.

아이들에게 화선지를 주었을 때 볼 수 있던 특징은 아이들이 종이의 기다란 형태에 주목했다는 점이다. 즉, 화선지 모양과 길이에 따라서 아이들이 그리는 그림의 주제와 상상력이 달라졌던 것이다. 아이들과 미술 수업을 진행할 때 항상 느끼지만 아이들은 조금 색다른 재료만 주어져도 다양한 상상의 나래를 펼친다. 그래서 아이들과의 미술 수업은 늘 기대가 된다.

화지에 대한 고정관념을 깰수록 좋다

그림을 그릴 때 또 한 가지 아이들에게 가르쳐 줄 수 있는 것은 화지가 평평해야 한다는 고정관념에서 벗어나야 하는 일이다. 나는 주로 좁고 기다란 하드 스틱을 이용해 이런 선입견에 도전하곤 한다. 하드 스틱을 이용해 목이 긴 기린, 목이 긴 타조, 키가 큰 꽃, 기다란 우산, 긴 양말, 뱀 등을 그려보는 것이다.

하드 스틱를 화지로 사용하기 위해서 아이들에게 하드 스틱을 나누어줄 때 아이들의 반응이 너무 재미있어서 기억이 난다.

한 아이가 하드 스틱을 보더니 "선생님, 이렇게 많이 아이스크림을 다 먹었어요? 배탈 나지 않았어요? 배 아프지 않았어요? 선생님 병원에 갔다 왔지요?" 하면서 나에게 폭풍 질문과 함께 걱정해 주기도 했다.

종이 형태가 아닌 새로운 화지를 사용하면, 아이들은 하드 스틱뿐 아니라 나무젓가락, 돌멩이 등 다양하고 독특한 화지를 활용하는 것에 거리낌이 없어진다. 이처럼 화지는 꼭 넓고 평평한 면에만 그림을 그린다는 고정관념에서 벗어나, 다양한 크기의 화지 위에 그림을 그릴 수 있다는 생각을 자유롭게 할 수 있도록 안내해 주는 것이 중요하다. 동기부여만 한다면 아이들은 자연스럽게 생각 주머니를 열어서 표현할 수 있다.

미술활동 이어가기

하드 스틱 화지에 그리는 재미난 그림 놀이

하드 스틱을 옆으로 길게 모아서 직사각형으로 붙이고, 현관 앞에 붙이는 문패를 각자가 좋아하는 색을 칠하고 가족들 이름을 쓰면 색다른 가족 문패를 만들 수 있다.

이외에도 하드 스틱을 여러 개 연결해 세모 모양 컵 받침, 네모 모양 컵받침, 육각형 모양 컵 받침 등 다양한 모양의 컵 받침을 만든 후 그 위에 그림을 그릴 수 있다. 또한 기다란 모양의 하드 스틱 위에 기다란 모양의 그림, 예를 들면 목이 긴 기린을 그

하드 스틱으로 만든 문패

리고 목과 다리가 기다란 타조, 기다란 국자, 기다란 자, 기다란 볼펜 등 하드 스틱에 어울리는 그림을 생각하며, 표현하면 스토리가 있는 하드 스틱 그림이 된다.

하드 스틱과 종이를 같이 사용할 수도 있다. 색종이로 꽃을 접고 하드 스틱이 줄기처럼 초록색 색연필로 칠하며, 색종이로 꽃을 접어서 하드 스틱을 양면테이프나 오공본드로 붙이면 아주 예쁜 꽃 한 송이가 만들어진다(220쪽 '부록 튤립 화분 꾸미기' 참고).

종이 동물원에 가볼까

다양한 장르를 가진 동화의 세계

동화의 장르는 다양하다. 《피노키오》, 《손 큰 할머니 만두 만들기》, 《괴물들이 사는 나라》 같은 판타지 동화, 《콩쥐 팥쥐》, 《도깨비 옷에 구멍이 뻥!》, 《팥죽 할머니와 호랑이》, 《호랑이와 곶감》, 《아씨방 일곱동무》로 대표되는 옛이야기 동화, 《하늘을 나는 아이들》, 《우리 할아버지입니다》 같은 인물 이야기 동화, 《숨 쉬는 항아리》, 《올챙이 꼬리가 없어졌어요》 같은 지식 정보 동화, 《견우직녀》, 《마고할미》, 《바리공주》 등으로 대표되는 신화 전설 동화가 그것이다.

아이들은 저마다 성향과 관심에 따라 좋아하는 동화가 제각각이다. 그러나 모든 아이들이 동화책을 좋아한다는 것은 변함 없는 사실이다. 그중에서도 영유아들은 동식물에 관한 이야기를 먼저 접하고 또 좋아하는 경향이 많다. 그래서 나는 특히 어린아이들과의 수업 시간에는 동물원 이야기를 많이 하는 편이다.

동물원은 아이들 상상의 천국

아이들을 키울 때 동물과 식물에 대한 지식을 알려주고 싶어서 동물원과 식물원을 자주 찾았다. 우리 아이들의 경우 동물원에 도착하면, 마구 뛰어가서 좋아하는 동물들을 보기 바빴다. 코끼리와 기린을 보며 신기해하기도 하고, "어흥" 하는 소리를 내지 않아도 덩치가 큰 호랑이는 무서워하면서도 호기심 가득한 눈으로 쳐다보곤 했다. 날개를 활짝 편 공작새를 보고는 "와" 하는 감탄사를 내뱉고, 앵무새 앞에 가서는 "내 말 따라 해봐" 하며 말을 걸기도 했다.

이렇게 동물원에 다녀오면 동물에 대한 궁금증이 생겨서 한동안 동물들에게 관심이 많이 생겼다. 코끼리는 무엇을 먹고 사는지, 사자나 기린같이 더운 나라에 사는 동물들은 추우면 어떻게 하는지 궁금해하기도 했다. 또, 봄에는 땅 위에서 줄지어 가는 개미, 비 온 뒤에 나타나는 지렁이, 달팽이와 입으로 후 불면 날아가는 민들레 홀씨를 보고 손뼉을 치며 좋아하는 모습은 아이들에게 동식물이 최고의 관찰 대상임을 알게 해주었다.

실제로 아이들을 키우며 내가 느낀 바는 아이들이 자연을 관찰하고 나서 책을 접하면 경험한 일들을 기억하는 데 훨씬 큰 도움이 되는 것을 많이 느꼈다. 그리고 아이들은 많은 지식보다는 동물이나 식물에 대해서 특징적이고 핵심적인 것 하나를 강렬히 기억한다는 사실도 더불어 알 수 있었다. 그런 면에서 동물원은 아이들의 호기심과 상상력, 강렬한 기억이 쉽게 각인될 수 있는 최적의 장소가 아닌가 생각한다.

동물들의 특징을 살린 동화책들

아이들을 동물원에 데리고 가서 많은 경험을 하게 해주고, 또 집에 돌아와서는 그림과 이야기로 만나게 해주는 경험은, 도심에 사는 아이들에게 풍부한 자극을 줄 수 있어 좋다.

동물을 주제로 한 책 가운데 아이들이 좋아하는 책으로 《오늘은 무슨 날?》(정은정 글, 홍성지 그림, 비룡소, 2002)이 있다. 동화 내용은 염소 아가씨와 염소 총각이 결혼하는 날 숲속 동물 친구들이 염소 아가씨에게 무슨 선물을 해야 할지 회의를 한다. 회의를 마친 무당벌레는 염소 아가씨 귀걸이가 되어 주고, 나비는 목걸이, 거미는 거미줄로 면사포가 되어준다.

또 기린은 긴 목으로 신랑 신부가 입장할 때 둥근 아치를 만들어주고, 코끼리는 긴 코로 팡파르 꽃가루를 뿌려준다. 동물들은 저마다 지닌 재주로 신랑과 신부를 축하해 준다. 이 동화책을 보면 동물들이 지닌 장점과 특징을 잘 살펴볼 수 있으며, 이들이 지닌 장기로 염소 아가씨와 염소 총각은 화려한 결혼식을 올리는 장면이 펼쳐진다.

《구리와 구라의 빵 만들기》(나카가와 리에코 글, 야마와키 유리코 그림, 한림출판사, 1994)도 동물들의 특성을 잘 포착한 동화책이다. 숲에서 커다란 알을 발견한 쥐 구리와 구라는 커다란 알을 깨서 빵을 만들어 숲속 동물들과 나눠 먹는다. 특히, 깨진 알을 자동차로 사용하는 장면이 매우 흥미롭고 재미있다.

이처럼 동물이 나오는 동화책을 읽으면 동물들의 특성을 자연스럽게 알려줄 수 있다. 그래서 동물이 등장하는 동화책을 읽고 난 뒤에 나는 아이들과 동물도감을 펼쳐놓고 동물의 크기, 무게, 몸의 빛깔, 생식(임신 기간), 수명, 서식 장소, 분포지역 등을 알아보는 시간을 갖는다. 그러고 나서 미술 수업으로 연결한다. 이때는 주로 그림으로 동물을 그려보고, 아이들에게 등장하는 동물을 쉽게 도형으로 접근해서 표현할 수 있도록 알려준다.

이외에도 동물이 주인공이 되는 책들은 시중에 얼마든지 많다. 아이들과 동물 이야기가 나오는 책을 읽을 때, 나는 아이들에게 "얘들아, 우리 종이 동물원에 가볼까?"라고 말하곤 한다. 각자 좋아하는 동물이 주인공으로 나오는 동화를 만나는 일이 곧 종이 동물원에 가는 일이기 때문이다.

스스로 하게 유도하기

내 기억에 남는 아이가 한 명 있다. 그 아이는 쉽게 그리는 방법을 알려주어도 완벽한 그림을 원하며, "선생님이 그려주세요" 하며 나의 손을 잡아당겼다. 그래서 나는 그 아이가 그릴 그림으로 가장 쉬운 토끼를 그려보라고 했다. 토끼는 아무리 그림이 힘든 아이도 커다란 귀만 그리면 토끼가 되기 때문에 쉽게 접근할 수 있는 동물이기 때문이다.

그러자 아이는 여전히 힘들어했다. 그래서 나는 다른 아이들에게 "친구 대신 토끼 그림을 그려줄 수 있는 친구?" 하고 물어보았다. 그러자 한 아이가 "저요" 하며 손을 들고나와서 화이트보드 판에 토끼를 그렸다. 나는 "친구가 토끼 그렸는데 너도 도전해 볼까?" 하자 아이는 주저주저하더니 겨우 토끼를 그린 적이 있다.

요즈음 아이들은 형제자매 없이 혼자 크는 아이들이 많아서 자기의 요구가 받아들여지지 않으면 서운해하는 경우가 많다. 그렇다고 아이가 원할 때마다 그려주면 아이는 항상 누군가에 의존하게 될 수 있다. 아이가 자기의 주장을 굽히지 않을 경우는 아이가 원하는 그림을 반만 그려주고 반은 아이가 그릴 수 있게 유도하는 경우는 하나의 방법인 것 같다. 이럴 때 가장 좋은 그림이 동물, 특히 토끼 그림이다.

그림을 그린 후 색칠하기를 싫어하는 아이도 간혹 만날 수가 있다. 나는 아이한테는 "왜 색칠하기 싫을까?" 하고 싫은 이유를 먼저 물어본다. 아이는 "팔이 아파요" 또는 "손에 크레파스가 묻어서 싫어요" 하는 경우가 있다.

나는 이런 아이에게는 "제일 좋아하는 색이 뭐야?" 하고 물어본다. 그러면 아이는 본인이 좋아하는 색을 말한다. 나는 아이에게 색칠하고 싶은 한 곳이나, 한 군데만 좋아하는 색으로 색칠해 보자고 하면 아이는 가벼운 마음으로 색칠을 한다. 색칠을 싫어하는 아이는 이런 방법으로 조금씩 조금씩 색칠하는 부분을 늘려가면 아이도 선생님도 거부반응 없이 색칠한다.

동물 그림으로 유도한다

이처럼 아이들이 스스로 하게 유도하기 위해 가장 많이 쓰는 방법은 동물 그림이다. 나는 동물 표현을 할 때 크레파스로 동물들을 표현하기도 하고 색종이를 사용해 표현하기도 한다. 동물무늬 색종이는 코끼리 무늬, 악어 무늬, 기린 무늬, 얼룩말 무늬 등 동물들을 표현할 수 있다. 캔트지 위에 밑그림을 동물들과 동물들이 생활하는 공간을 어울리는 배경으로 그린 후 동물무늬 색종이를 콜라주 기법으로 찢어서 표현하면 크레파스로만 표현하는 것보다 색종이로 표현하면 동물을 사실적으로 표현할 수 있다.

아이들은 색종이와 크레파스를 한 화면에서 사용했을 때 각자 크레파스와 색종이가 주는 느낌이 다르다는 것을 느낄 수 있으며, 동물무늬에 대해서 좀 더 정확하게 인지하고 표현하는 데 도움이 될 수 있다.

미술활동 이어가기

무늬 색종이로 동물 표현하기

동물이 주인공이 되는 도서를 읽고 공예, 미술 작업을 해본다. 무늬 색종이를 찢거나 오려 붙여 동물원에 있는 다양한 동물을 표현한다.

1. 무늬 색종이, 고체 풀, 가위, 크레파스, 연필, 지우개 등을 준비한다.
2. 스케치북 위에 동물원에 있는 동물들의 밑그림을 그린다.
3. 밑그림 위에 동물에 어울리는 동물 무늬 색종이를 이용해 동물을 표현한다.
4. 바탕은 크레파스를 이용해서 색칠한 다음 완성한다.

우리는 미술관으로 소풍 간다

소풍 가서 왜 도시락만 기억할까

아이들과 수업을 진행하다 보면 아이들이 다니는 유치원이나 어린이집 행사에 대해 자연스럽게 알게 된다. 어떤 행사를 하는지, 프로그램이 어떻게 진행되는지, 어디로 견학을 가는지를 아이들이 자랑하듯이 풀어 놓기 때문이다. 나는 견학을 갔다 온 후 아이들에게 이렇게 물어본다. “얘들아, 견학 가서 재미있었니?” 그러면 아이들 대부분은 재미있었다고 이야기한다.

“뭐가 제일 재미있었는지 선생님한테 이야기해 줄래?” 하면 아이들은 “엄마가 준비해 주신 맛있는 도시락을 친구들과 둘러앉아서 나눠 먹을 때가 재미있었어요”라고 답하는 아이들이 대부분이다. 그런 아이들에게 도시락 말고 활동한 것이나 체험한 것 또는 느낀 점 등은 없냐고 물으면, 아이들은 별다른 반응을 보이지 않는다. 이렇게 아이들이 체험학습을 다녀온 뒤에도 큰 감흥이 없는 모습을 보면 많이 아쉽다.

이런 아쉬움을 달래기 위해 나는 아이들과 체험 활동이나 견학을 가기 전에 미리 활동 장소나 활동 내용에 대한 이야기를 먼저 듣고 가게끔 한다. 아이들이 낯선 장소에 가기 전에 그곳에 대한 정보나 배경을 알고 가는 것과 아무것도 모르는 상태에서 가는 것은 큰 차이가 있기 때문이다. 물론 사전 정보를 배우고 가는 아이들도 있을 것이다. 그러나 대부분은 시간이나 일정에 쫓겨 현장에 가서 당일 아이들에게 가르치고 알려주려다 보니, 어린아이들이 기억하기에는 한계가 있지 않았나 짐작한다.

맛난 도시락과 친구들과 추억을 기억하는 것도 물론 중요하다. 그러나 갔다 온 체험을 기억하고 뒤에 이어질 미술활동으로 이어가면 아이에게 더 좋은 기억으로 남게 될 것이다.

"딸기가 과일이 아니라고요?"

내가 아이들에게 해주는 방법은 다음과 같다. 예를 들어 봄에 딸기밭으로 견학을 가고 가을에 고구마밭으로 견학을 가는 등 계절에 맞는 과일이나 채소 체험을 하고 오는 아이들에게는 직접 만져보고 맛본 채소와 과일에 대해 물어본다.

"딸기밭에 가서 딸기 따면서 꽃도 보았어? 어떤 모양이고 어떤 색이지?"

이렇게 물어보면 아이들은 "네, 딸기꽃은 흰색이고 작고 예뻤어요" 하고 대답한다. 이어 내가 "딸기는 과일일까? 채소일까?" 하고 아이들에게 물어보면 아이들 중 대다수가 자신있게 "과일요"라고 대답한다. 그 대답을 듣고 나는 아이들에게 채소라는 '비밀'을 말해준다.

"아니야, 딸기는 과일이 아니고 정확하게 말하면 밭에서 자라는 채소야. '과채류'로 따로 분류되기도 해. 토마토, 수박, 참외처럼."

그러면 아이들은 "정말요? 엄마가 과일 먹자 그랬는데" 하는 아이도 있다. 이쯤 되면 이제 아이들에게 채소와 과일의 차이점을 말해줄 차례다. 과일은 나무에서 열리고 수확하며 여러 해 재배가 가능하고 과즙이 많은 식물의 열매이고 채소는 밭에서 재배되는 줄기 식물의 열매라고 말이다. 그래서 줄기에서 열리는 수박, 참외, 딸기, 토마토는 과일이 아니고 채소라고 말이다.

아이들은 신기해서 들으면 귀를 쫑긋 세우거나, 자기도 책에서 읽어서 알고 있다고 거드는 친구도 있다. 어떤 아이들은 "그럼 밤, 감, 대추는 과일인가요?" 하고 물어보는 아이도 있었다. "문론이지 나무에서 열리는 과일이지" 하고 알려주면 아이들의 눈은 둥그레진다. 이때 아이들 표정에서 새로운 것을 알게 된 것과 과일과 채소에 대한 호기심이 많이 생긴 것을 볼 수 있다.

머릿속 지식이 되는 체험 활동

아이들이 미술관이나 박물관을 관람할 때도 같은 경우인 것 같다. 특히 미술관 견학은 주로 널리 알려진 유명한 화가 전시회를 찾는 경우가 많다. 이때도 대부분의 엄마들은 아이들에게 "한눈팔지 말고 선생님 잘 따라 다녀", "간식은 친구들과 같이 나눠 먹고, 재미있게 놀고, 많이 보고 와" 같은 안전에 대한 이야기를 주로 한다. 나는 엄마가 조금만 더 관심을 갖고 화가의 대표적인 그림을 미리 보여주거나 프린트로 인쇄해서 같이 보는 시간을 갖는다면, 아이들이 훨씬 친근하고 재미있게 미술관 관람을 할 수 있으리라 생각한다.

혹은 아이에게, "오늘 전시관에서 엄마와 지금 책에서 본 이 그림이 있는지 찾아봐. 찾아서 나중에 엄마에게 말해줘" 같은 미션을 주면, 숨은 그림찾기를 하는 것처럼 집중해서 친구들과 함께 찾을 것이다. 이렇게 하면 아이는 그림을 찾지 못해도 관람한 화가의 대표적인 작품이 무엇인지 알 수 있게 될 것이며 그 관람이 오래 기억될 수 있을 것이다.

이처럼 아이들에게 막연하게 많이 보고 오라는 것보다 정확하게 아이의 눈높이에 맞게 지식을 체험하도록 지도하는 것이 좋다. 이런 방법으로 접하게 되면 아이들은 공부라는 개념보다는 놀이나 체험을 통해서 자연스럽게 알게 되어 오래 기억될 수 있다.

온전한 아이의 경험으로 남도록

얼마 전 책에서 이런 글을 읽은 기억이 있다. 요즈음 성인들은 자신이 무엇을 잘할 수 있는지 생각하고 스스로 진로를 선택하게 하는 게 아니라 부모가 아이의 인생 목표를 정해서 아이가 따라가게 하다 보니 정작 성인이 되어서도 본인이 결정해야 할 시기에 결정을 못 내리는 이가 대다수라고 말이다.

경험은 온전히 아이의 것이 되어야 한다. 학습이든 놀이든 아이가 주도적으로 그 일을 행할 때 온전히 아이의 자산으로 남을 수 있다. 진로를 결정하는 일도 마찬가지이고, 다양한 문화와 예술작품, 책을 접해 경험하는 것도 온전히 아이의 것으로 남게 하자. 다만 부모는 이 과정에서 아이를 현명하게 가이드해 주기만 하면 된다.

특히 예술작품을 접할 때는 작품에 대한 설명을 재미있게 곁들이면 아이들에게 작품에 대한 관심과 흥미가 생길 수 있을 것이다. 또 어릴 때부터 전시회나 문화생활에 많은 기회를 접하면 어른이 되면 예술에 대한 깊은 관심과 이해, 애정을 가진 문화 시민으로 성장하는 데 밑거름이 되어줄 것이다. 미술관으로 소풍 가고, 박물관으로 놀러 가고, 갔다 와서는 그 경험을 온전히 자기의 지식과 경험 창고에 저장하는 아이들로 키우는 일은 생각보다 간단할 수 있다.

미술활동 이어가기

책으로 문화예술 활동하기

- 《그림 그리는 아이 김홍도》(정하섭 글, 유진희 그림, 보림, 1997)

조선 시대 화가 김홍도의 어린 시절을 담은 그림책으로 어려운 환경 속에서 꿈을 잃지 않고 노력하는 모습을 책으로 접할 수 있다. 아이들에게 이 책을 읽고 자신이 경험한 어려웠던 경험을 그림과 글로 표현하게 한다.

- 《빈센트 반 고흐》(루시 브라운리지 글, 에디트 카롱 그림, 최혜진 역, 책읽는곰, 2020)

빈센트의 강렬한 작품들이 어떤 고뇌와 노력을 거쳐 탄생했는지 책을 읽어주며 자세하게 보여준다. 자신의 꿈을 찾기 위해 그 꿈을 이루기 위해서 영혼까지 바쳤던 빈센트의 삶을 아이들이 기억하도록 한다. 동생 테오와 나누었던 우정, 예술을 향해 고독 속에서도 끊임없이 달려나갔던 열정 등을 같이 들려주면 더욱 좋다.

• 《우리 집에 나무가 있다면》(이지현 글, 조민경 그림, 곧은나무, 2006)

사계절을 상징하는 나무와 과일나무들을 만날 수 있는 도서다. 이 책을 읽고 아이들이 좋아하는 과일을 선정해 그 나무를 그려보게 한다.

미술활동 이어가기

그림으로 문화예술 활동하기

• 인상주의 화가 쇠라의 그림 〈그랑드 자트 섬의 일요일 오후〉

이 작품의 화가인 조르주 피에르 쇠라(Georges Pierre Seurat)는 점묘법으로 유명하다. 아이들에게 쇠라의 그림을 보여준 뒤 점이 모여서 선이 되고 멀리서 보았을 때 면으로 표현되는 것을 보여준다. 그런 뒤 아이들에게 점을 찍어 그림을 그리게 한다.

4장

생각 보따리를 채우는 상상의 힘

글 없는 그림책으로 펼치는 상상의 세계

눈사람 아저씨는 어디로 갔을까

어느 날, 밖에 눈이 내리자 아이는 집 안에 있는 목도리와 모자, 빵, 벽난로의 돌을 가지고 나가 커다란 눈사람 아저씨를 만든다. 그날 밤 눈사람 아저씨가 살아 움직인다. 아이는 눈사람 아저씨를 집 안으로 데려와 아빠 옷을 입히고 넥타이를 매준다. 눈사람 아저씨는 아이와 집 안에서 즐거운 시간을 보낸다. 아이는 눈사람 아저씨와 하늘을 날으며 즐거운 시간을 보내고 다시 집으로 돌아온다. 그리고 아이는 잠이 든다. 다음 날 아침 아이는 눈을 뜨자마자 눈사람 아저씨에게 달려간다. 그러나 눈사람 아저씨는 온데간데없이 사라지고 없다.

이 내용은 《눈사람 아저씨》(레이먼드 브릭스 그림, 마루벌, 1997)의

줄거리로, 글이 없는 그림책이다. 아이들과 같이 책을 보고 "눈사람 아저씨는 어디로 갔을까?" 하고 묻는다. 그러면 아이들은 각자가 생각한 답변을 내놓는다. "날씨가 따뜻해서 녹았어요", "하늘을 날아서 눈사람들이 사는 추운 나라로 갔어요", "꿈속 나라로 갔을 것 같아요" 등 다양한 이야기가 나온다. 어떤 아이는 "눈사람이 아이랑 너무 많이 하늘을 날아다녀 피곤해서 녹아 버린 거 같아요" 하면서 자신이 부모님과 놀이공원에 가서 놀고 와서 피곤했던 경험담을 얘기하기도 한다.

동화책은 각 네모 안에 한 컷의 그림들이 들어가 있어 마치 만화책처럼 구성되어 있다. 그리고 글이 없이 그림만으로 구성되어 있어 글자를 모르는 아이들도 그림을 보고 자기만의 생각 주머니 속의 이야기를 만들어낼 수 있다. 아이는 각자 자신이 느끼는 감정에 따라 눈사람 아저씨의 '행방불명'에 대해 슬프게도, 또는 즐겁게도, 아니면 아주 엉뚱하게도 이야기를 이어가게 된다.

"대머리 아저씨 아닐까요?"

《빨간 풍선의 모험》(옐라 마리, 시공주니어, 1995)도 글 없는 그림책이다. 책의 첫 장은 한 아이가 빨간 풍선을 입으로 부는 장면으로 시작한다. 아이가 풍선을 불자 풍선이 점점 커져 아이는 풍선을 놓치고 만다. 풍선은 하늘을 날아서 나뭇가지에 매달려 사과가 되었다가 다시 땅에 떨어지면서 나비가 되었다가 잔디밭에서는 꽃잎이 된다. 빨간 꽃을 꺾은 아이의 손에는 우산으로 변하는 빨간 꽃잎의 모습과 그 우산을 쓰고 걸어가는 아이가 나온다.

이 그림책은 빨간 풍선이 여러 모양으로 변하면서 모험을 하는 이야기를 독자들이 쫓아가게 한다. 그 과정에서 책을 읽는 아이들은 저마다 흥미진진한 이야기와 상상을 펼쳐 나간다. 아이들과 동화책을 읽는 도중에 "선생님, 동화에 등장하는 사람은 어른이에요, 아이에요? 왜 머리칼이 없어요?"라고 질문하는 아이가 있는가 하면 "왜 풍선만 빨갛게 칠하고 나머지는 색칠을 안 했을까요?"라고 묻는 아이도 있었다.

나는 질문한 아이들에게 그 질문을 되돌려주었다. "왜 머리카락이 없는지 생각해 봤니?", "왜 색을 칠하지 않고 놔뒀을까?" 그러면 아이들은 각자 자기가 상상한 답변을 내놓는다.

"대머리 아저씨라고요", "머리를 짧게 자른 거예요", "풍선을 돋보이게 하려고 다른 곳은 그냥 놔두었어요", "색칠하기 귀찮아서요" 등의 다양한 답변들과 함께 아이들과 한바탕 웃으며 상상의 시간이 간다. 《눈사람 아저씨》와 《빨간 풍선의 모험》처럼 글자가 하나도 없는 책은 글쓴이가 바로 책을 보는 아이이거나 책을 읽는 그 누구도 될 수 있으며, 또 상상력을 맘껏 발휘하게 한다. 이것이 글 없는 그림책의 장점이기도 하다.

미술활동
이어가기

눈사람 가족 만들기

《눈사람 아저씨》를 읽고 나서 유아 단계의 아이들과 '눈사람 만들기' 활동을 한다.

1. 흰색 도화지를 세로로 2번 접은 후 눈사람을 연필로 그리고 가위로 자른다. 그러면 4개의 쌍둥이 눈사람이 나온다.
2. 검은색 도화지 위에 4개의 쌍둥이 눈사람을 풀로 붙이고 색종이와 색연필을 사용해 눈사람의 눈, 코, 입을 그려 넣는다. 모자, 단추 등을 이용해 예쁘게 꾸며준다.
3. 흰색 물감을 면봉으로 찍어 내리는 눈을 표현해 준다.

미술활동 이어가기

종이 접시 눈사람 만들기

6세 이후 아이들과는 방석 접기로 눈사람을 만들어 활동한다.

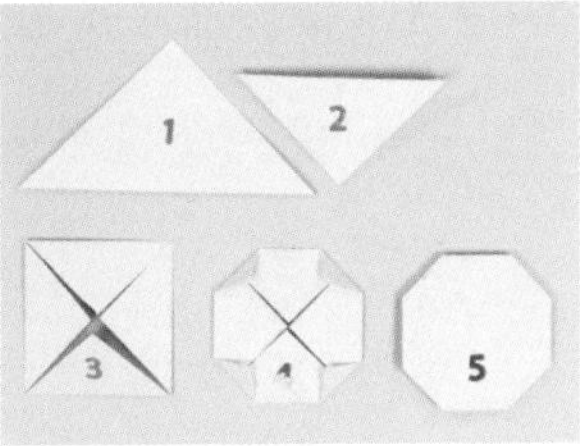

방석 접기

1. 15×15cm의 흰 종이 1장과 10×10cm짜리 흰 종이 1장을 각각 방석 접기로 접는다.
2. 각 모서리를 조금씩 접어 8각형 모양으로 만든다.

15cm 종이로 접은 8각형은 눈사람의 몸통이 되고 10cm

종이로 접은 8각형은 눈사람의 머리가 된다.

3. 바탕이 되는 컬러 종이 접시 위에 각자 원하는 대로 색을 칠하거나 꾸며준다.
4. 눈사람을 컬러 종이 접시 위에 풀로 붙인 후 사인펜과 색연필로 눈사람을 꾸며준다.

미술활동 이어가기

풍선 아트

《빨간 풍선의 모험》을 읽은 후 아이들과 풍선 아트 활동을 한다.

1. 아이들에게 길다란 막대풍선을 나누어주고 풍선을 불게 한다.
2. 부풀어오른 막대풍선을 이용해 알록달록한 색깔의 꽃을 만들거나 왕관, 장난감 칼 등 각자 만들고 싶은 것을 자유롭게 만들게 한다.
3. 각자 만든 풍선 아트를 가지고 각자 이야기를 만들어보게 한다. 발표하는 것을 꺼리거나 힘들어할 수도 있으니 하고 싶은 아이들에게 먼저 해보라고 한다. 그러면 차차 친구들이 하는 것을 보고 용기를 내는 아이들이 생긴다.

저마다의
마술 연필을 찾아서

할머니는 왜
꼬부랑 할머니가 되었을까

동화를 읽다 보면 동화의 내용이 현실과는 연결이 안 되는 이야기가 있다. 그럴 때면 아이들은 동화를 듣다가 불쑥 질문을 던진다. "선생님, 어떻게 고릴라가 양복을 입고 한나를 데리러 올 수 있어요?", "선생님, 100층짜리 건물에 엘리베이터도 없는데 저 동물들은 어떻게 자기 집에 올라 다니나요?"

그런 질문을 받을 때면 나는 아이들에게 답한다. "마음으로 상상해 봐. 얼마든지 가능할걸? 작가 선생님은 상상으로 이야기를 짓는 사람들이거든. 만약 너희들이 동화 작가라면 어떤 이야기를 쓰고 싶어? 동화 속에서는 무슨 일이든 일어날 수 있고 어떤 사람도 될 수 있다고 상상한다면?" 그러면 아이들은 그때부터 생각에 잠시 잠긴다.

아이들에게 동화책을 읽어주기 전에 표지 내용이 주는 의미에 대해서 질문하는 경우도 있다. 예를 들면 《꼬부랑 할머니》(권정생 글, 강우근 그림, 한울림어린이, 2008)는 오래전부터 전해 내려오는 옛이야기로 리듬감 있는 전래동요다. 겉표지를 보여주고 아이들에게 "할머니는 왜 꼬부랑 할머니가 되었을까?" 하고 묻자 아이들은 겉표지에서 보이는 대로 "할머니가 늙어서요", " 할머니가 배가 아파서요", "할머니가 땅을 보고 걸어서요"라며 각자 자유로운 상상 속의 생각을 들을 수 있었다. 아이들 생각은 동화의 겉표지의 그림만 보고도 아이들과 많은 이야기들을 나눌 수 있다.

나에게 마술 연필이 있다면

《앤서니 브라운의 마술 연필》(앤서니 브라운과 꼬마 작가들 글·그림, 서애경 역, 웅진주니어, 2010)의 꼬마곰에게는 무엇이든지 마음대로 할 수 있는 마술 연필이 있다. 그 마술 연필은 늑대를 사라지게 하고, 뱀이 오면 스카이 콩콩을 그려 폴짝 뛰어서 넘기도 한다. 배고픈 사자를 만나면 고깃덩어리를 그려 사자를 유인하기도 하고 호수에서는 수영복을 그려 호수를 건너기도 한다. 키가 너무 커서 아무도 놀아주지 않는 거인을 위해서는 사과가 달린 사과나무를 그려준다. 꽃을 그려 벌들이 꿀을 따는 동안 꼬마 곰은 자기가 좋아하는 꿀을 먹기도 한다. 구멍 난 하늘 사이로 햇볕이 내리쬐어 얼음이 녹아 살 곳을 잃은 북극곰 가족에게는 마술 연필로 그린 용을 타고 북극으로 가, 얼음과 눈으로 덮인 땅을 그려 북극곰이 살 수 있도록 해준다. 동물들이 사는 곳을 사람들이 망가뜨린다는 판다의 말을 듣고는 살 곳을 잃은 동물들을 모두 그린 후 동물음악대와 신나게 악기 연주도 한다.

이 동화는 마술 연필 한 자루로 인해 꼬마 곰이 모험과 역경을 헤쳐나가는 과정을 보여준다. 자기만의 창의적이고 독창적인 방식으로 난관을 벗어나는 꼬마 곰의 여정을 따라가면서, 어른들도 무릎을 치며 읽을 수 있는 동화다.

나는 아이들에게 "얘들아, 너희들에게 곰돌이처럼 마술 연필이 생기면 뭘 하고 싶으니?" 하고 물었다. 그러나 아이들은 싱글벙글 웃으며 생각만 해도 즐겁다고 한다. 나도 그 모습이 우스워 "뭘 생각하고 있는데?" 하자 아이는 "사탕을 많이 그려서 팔면 부자가 될 것 같아요"라고 말하는 아이와 또 다른 아이는 "비행기를 그려서 그 비행기를 타고 가족들과 여행을 갈 것 같아요"라고 했다. 또 다른 아이는 "나는 내가 갖고 싶은 장난감과 자동차를 전부 그려서 갖고 싶어요"라고 말하면서 "부모님도 마술 연필이 하나 있으면 정말 행복해질 거예요" 하기도 했다.

마술 연필 이야기 하나로 재잘재잘 이야기가 끊이지 않았다.

"또 다른 생각하는 사람 있을까?" 하는 내 질문에 어떤 아이는 "곰돌이처럼 어려운 일들이 생기면 헤쳐나갈 수 있는 도구를 만들면 좋겠어요"라며 사려 깊은 생각을 들려주기도 했다.

아이들의 상상력에 질문을 하라

《달팽이는 왜 집을 지고 다닐까요?》(브리기테 라브 글, 마누엘라 올텐 그림, 계수나무, 2007)는 재미있는 질문과 상상력 넘치는 답변을 통해 과학의 상식을 익히게 해 준다. 곰은 왜 겨울잠을 자느냐는 질문에 외투가 없어서라고 답변하는 기지. 그러고는 추운 겨울 동안 먹이를 구하기가 힘들기 때문에 자면서 겨울을 난다고 지식을 알려주는 식이다. 달팽이는 왜 집을 지고 다니느냐는 물음에는 '캠핑하는 것을 좋아해서 여행 가는 중'이라는 신박한 대답이 나온다. 그러고는 이내 위험이 닥쳤을 때 재빨리 집 속에 몸을 숨겨서 적으로부터 스스로를 보호하기 위해서라는 정답이 나온다.

바닷물이 짠 이유, 홍학의 몸이 붉은색인 이유, 양의 몸에 난 털이 곱슬곱슬한 이유, 고래를 물고기라고 부르지 않는 이유, 철새가 멀리 날아갈 때 길을 잃지 않고 갈 수 있는 이유 등 아이들이 궁금할 법한 질문과 엉뚱하고 기발한 상상력의 답변들은 아이들을 동화 속 이야기에 꼭 붙들어놓은 이 책만의 매력이다.

이 책의 기술 방법처럼 나는 동화를 읽기 전에 동화에 나오는 이야기를 먼저 아이들에게 질문해 생각하고 상상하는 시간을 가진다. 아이들에게 "홍학의 몸은 왜 분홍색일까?" 하고 질문을 하자 아이들은 답했다. "태어날 때부터 분홍색이라 그래요", "왜가리와 헷갈리면 안 되니까 분홍색인 거예요", "홍학의 알이 봄에 태어나서 분홍색 아닐까요?" 아이들의 답에는 기발한 것들 천지다. 그러다 한 아이가 "아니야, 새우, 꽃게를 좋아해서 그래"라고 이야기한다. 나는 곧바로 "정답을 알고 있는 사람이 있네? 대단한걸" 하며 아이들의 답변마다 개성이 있다고 칭찬해 준다.

"그럼 곰은 겨울잠을 왜 잘까?" 질문하자 "겨울이 추워서 잠을 자는 거예요", "겨울에는 먹을 것이 없어서 그래요"라고 아이들은 알고 있는 지식과 상상력으로 발표하는 모습을 볼 수 있다. 나는 또 아이들에게 "얘들아, 동화책 제목처럼 달팽이는 왜 집을 지고 다닐까?" 물었다. 그러자 아이들은 "위험할 때 돌처럼 보이면 잡혀 먹이지 않아서요", "달팽이는 빠르지 못해서 위험할 때 집으로 숨으려고요"라며 대답한다.

나는 아이들에게 "자, 그럼 너희들이 생각하는 것과 책 속 내용이 맞는지 동화책을 들려줄 테니까 잘 들어보자" 하고 책 읽기에 들어간다. 아이는 본인이 발표한 내용이 맞으면 "앗싸!" 하며 좋아라 뿌듯해한다.

동화책을 그냥 읽어주는 것도 좋지만, 지식 동화는 읽기 전에 퀴즈를 내는 시간을 가지면 아이들이 훨씬 흥미롭게 동화책 이야기에 빠져든다. 특히 자기 생각을 이야기한 후 동화에서 답을 확인하도록 하면, 아이들은 매우 잘 집중해서 듣는다. 동화의 내용이 자신의 생각과 같을 경우 아이는 동화 속 내용을 오래 기억을 한다.

아이들과 동화책을 읽는 것이 늘 유쾌하고 흥미진진한 이유는 무심코 지나간 것들, 굳이 알려고 하지 않았던 지식들을 쌓는 재미가 있기 때문이다. 잃어버린 상상력과 함께 동심으로 돌아가는 즐거운 시간도 만끽할 수 있다.

바바빠빠가
우리와 같이 살게 된다면

몸의 형태를 마음대로 바꿀 수 있는 '바바빠빠'의 모험

'바바빠빠'는 프랑수아네 집 꽃밭에서 태어났다. 프랑수아가 꽃에 물을 주다가 둘은 만나게 되었고 서로에게 좋은 친구가 될 수 있다고 생각하지만 프랑수아의 부모님은 바바빠빠가 너무 커서 같이 살 수는 없다고 했다.

프랑수아와 같이 살 수 없게 된 바바빠빠는 동물원으로 보내져 우리에 갇혀 지내게 된다. 하지만 곧 바바빠빠는 자신이 몸의 형태를 마음대로 바꿀 수 있다는 것을 알게 되었고, 이내 철망 사이로 쏙 빠져나오게 된다. 자유로워진 바바빠빠는 동물원을 돌아다니며 친구를 찾는다. 그러나 자기를 이해해 줄 친구를 만나지 못한다. 동물원의 우리에서 자꾸만 나오는 바바빠빠를 본

아네트 티종·탈루스 테일러 글·그림, 《바바빠빠》, 이용분 역, 시공주니어, 1994

동물원 관리인은 더 이상 바바빠빠와 같이 살지않기로 한다.

대도시로 나온 바바빠빠, 그러나 어느 곳을 가든 사람들에게 환영을 받지 못하던 바바빠빠는 외로워 눈물을 흘린다. 그러던 어느 날 바바빠빠는 우연히 불이 난 장소에 있게 되었는데 자신의 몸을 변화시켜 계단을 만들고 불이 난 건물에 갇혀 있는 사람들을 구해주게 되고 또 동물원에서 탈출한 사나운 표범을 자기 몸을 변화시켜 동물원 우리로 만들어 안전하게 동물원으로 돌려보내는 일을 한다. 그렇게 사람들에게 도움을 주자 사람들은 바바빠빠를 좋아하게 되었다.

그 후 바바빠빠는 어느 곳을 가든지 환영을 받았지만 처음 자기가 태어날 때 만났던 프랑수아에게로 다시 돌아가고 싶은 마음뿐이었다. 그 사실을 알게 된 프랑수아의 부모님은 바바빠빠를 기쁘게 맞이해 주고, 바바빠빠를 위한 집을 꽃밭에 지어주기도 했다. 아이들과 노는 것을 좋아하는 바바빠빠는 매일 공원에 나가 사람들을 즐겁게 해주었고 행복하게 살게 되었다.

만약 몸이 자유자재로 바뀐다면

《바바빠빠》를 읽고 나서 나는 아이들에게 겉모습만 보고 모든 것을 판단해서는 안 된다는 이야기를 들려준다. 그럼, 아이들은 "알아요"라고 큰 소리로 대답부터 한다.

나는 아이들에게 동화 속 바바빠빠처럼 자기 몸을 자유롭게 변화시킬 수 있다면 어떤 모양으로 무엇이 되고 싶은지 상상해 보고 이야기를 해보고 했다. 그러자 한 아이가 "제가 바바빠빠처럼 자유롭게 몸을 변화시킬 수 있다면 예쁜 비행기가 될 거예요. 분홍색 비행기가 되어 우리 가족을 태우고 세계여행을 떠나고 싶어요"라고 자세히 계획을 들려주었다.

또 다른 아이는 "아프리카에 가서 만나는 동물들마다 몸을 바꾸어 같이 초원을 달리고 싶다"라고 했다. 그 이야기를 듣고 한 친구가 "저는 악어가 되어서 알을 낳는 것을 볼래요"라고 하자 옆의 친구는 "저는 기린요. 기린이 되어서 얼마나 높은 곳에서 내려다볼 수 있는지 경험하고 싶어요"라고 했다. 아프리카에 간다는 한 아이의 이야기가 연결되어 많은 아이들이 너도 나도 동물 되어보기에 참여한 셈이다.

나는 아이들에게 "보고 싶은 동물들, 되고 싶은 동물들이 아주 많이 있네"라고 웃으며 이야기해 주었다. 그러곤 "맹수들을 가까이에서 보면 위험할 텐데?" 하자 아이는 한참을 생각하더니 "하마나 코끼리처럼 덩치 큰 동물로 변장하면 되죠"라고 대답한다.

어떤 아이는 "바바빠빠가 내 옆에 있다면 교육원 갈 때마다 심심하지 않게 같이 다니자고 말할 거예요"라고 했다. 또 옆에서 이야기를 듣고 있던 아이는 "매일매일 장난감으로 변신해서 같이 놀자고 할 거예요"라고 했다. 아이들의 상상력은 이렇게나 멋지다.

바바빠빠로 미술활동 이어 가기

《바바빠빠》를 읽고 하는 미술활동은 매우 다채롭다. 몸을 자유자재로 바꿀 수 있는 주인공이기에 아이들에게 자신이 평소 가보지 못했던 곳, 모험하고 싶으나 위험해서 또는 너무 무서워서 못했던 장소를 그려보라고 했다. 그러면 아이들은 앞에 말한 아프리카 맹수가 되기도 하고, 교육원 건물 옥상으로 바바빠빠 계단을 타고 단걸음에 올라가는 상상을 하기도 한다.

이런 상상의 나래를 단 탓에, 아이들과 바바빠빠 상상하기 시간은 금세 흘러간다. 아이들은 크레파스로, 물감으로, 때로는 색종이로 바바빠빠를 다채롭게 표현하며 때로는 오징어 먹물을 뒤집어썼다며 바바빠빠를 새카맣게 그리는 아이도 있었다.

이렇게 크레파스를 가지고 그리기를 한 뒤에 색종이나 다양한 스티커 등으로 평면조형활동(꾸미기)을 하면서 아이들은 자신들의 상상력을 친구들과 이야기를 나누고 평소 하고 싶었던 소망을 마음껏 펼쳐놓는다. 생각의 보따리를 채우는 상상의 힘을 다 쓰고 나서도, 아이들은 무엇이 그리 아쉬운지 다음번에는 바바빠빠를 폼클레이로 만들어 보자고 하는 아이도 있다.

도깨비 옷에 구멍이 뿅!

투명 인간이 된 나무꾼

앞서 2장에서도 잠깐 언급했던 《도깨비 옷에 구멍이 뿅!》은 아이들에게 질문거리를 던지면서 좋은 미술활동으로 이어질 수 있는 책이다.

이야기는 나무꾼이 산으로 나무를 하러 가는 도중에 갑자기 비가 내려서 비를 피하기 위해 빈집으로 들어가는 데에서 시작한다. 비가 멈추기를 기다리던 나무꾼이 깜박 잠이 든 사이에 깜깜한 밤이 되자, 도깨비들이 빈집에 놀러 와서 신나게 논다. 날이 밝아오자 도깨비들은 돌아간다.

그런데 방바닥에 옷 하나가 떨어져 있다. 나무꾼은 신나서 그 옷을 나뭇짐 위에 얹고 마을로 내려온다. 집에 오자마자 도깨비

박영란 글, 김원희 그림, 《도깨비 옷에 구멍이 뽕!》, 곧은나무(삼성출판사), 2006

옷을 입어 본 나무꾼은 벌러덩 자빠질 정도로 놀란다. 도깨비 옷을 입으니 자기 모습이 안 보였던 것이다. 투명 인간이 된 나무꾼은 마을을 돌아다니면서 비단옷과 엽전, 쌀과 생선, 신발들을 훔쳐가지고 집으로 돌아온다. 사람들은 마을에 큰 도둑이 나타났다며 근심 걱정에 휩싸인다.

그러던 어느 날, 나무꾼이 대장간을 기웃거리며 무얼 가지고 갈까 하던 중에 그만 도깨비 옷에 불똥이 튀었다. 호들갑을 떨며 불을 껐지만 이미 옷에 조그만 구멍이 난다. 구멍 난 곳을 나무꾼 부인은 빨간 헝겊으로 꿰매어준다.

그다음 날 나무꾼은 여전히 물건을 훔치러 그릇 가게로 들어간다. 그때 사람들이 빨간 헝겊이 둥둥 떠다니는 것을 본다. 이상하게 생각한 마을 사람들은 우르르 몰려들어 빨간 헝겊을 잡는다. 그러자 나무꾼의 정체가 드러났다.

마을 사람들은 "요새 계속 물건이 없어진다 했더니 네놈 짓이었구나" 하면서 나무꾼을 흠씬 때려주었고 나무꾼은 "어이쿠, 잘못했습니다" 하면서 집까지 엉금엉금 기어가면서 책의 이야기는 끝난다.

내게 투명 망토가 있다면

동화책을 읽고 아이들에게 "우리 상상 하나 해볼까?" 했다. 아이들은 호기심이 가득해 나의 이야기에 귀를 기울였다.

나는 아이들에게 "만약에 너희들도 나무꾼처럼 도깨비 옷을 입고 투명 인간이 된다면 어떤 생각을 하고 어떤 행동을 할 거야?" 하고 물었다. 그러자 아이들은 만약이라는 물음에 신이 나서 열심히 대답했다.

"나는 장난감 가게에 가서 내가 갖고 싶은 장난감을 많이 갖고 오고 싶어요"라는 아이도 있었고, "나는 엄마랑 목욕탕에 가서 목욕하는 모습을 구경하고 싶어요"라고 했다. "왜?" 하고 다시 묻자, 아이는 "여자들은 어떻게 목욕을 하는지 궁금해요"라고 답했다. 조금 머뭇거리던 한 아이가 "나는 놀이공원에 가서 줄 안 서고 놀이 기구를 많이 타고 싶어요"라고 답했다.

또 다른 아이는 "선생님, 나는 아주 큰 가방을 들고 은행에 갈 거예요" 했다. 아이들은 또다시 깔깔거리면서 "그럼 너는 나쁜 사람이야" 하자 아이는 "왜? 이건 상상하는 거야" 하면서 이야기를 했다.

나는 아이에게 은행에서 가져온 돈을 어디에 쓰려고 하느냐고 묻자, 아이는 의외로 "우리 엄마 갖다줄 거예요"라고 했다. 게임기를 사고 싶다거나 장난감을 사고 싶다는 말을 기대했던 내가 의아해서 왜냐고 다시 묻자 아이는 "우리 엄마는 돈을 굉장히 좋아하거든요" 했다. 그러면서 끝에 "솔직히 나도 좋아해요" 하면서 말꼬리를 흐렸다.

그 말에 아이들은 박장대소했다. 나는 또 다른 생각을 하는 사람 있냐고 물었고, 한 아이는 "나는 부잣집에 있는 물건을 몰래 갖다가 가난하고 불쌍한 사람에게 나누어주면 좋을 것 같아요"라고 이야기했다. 아이들은 그 친구의 말에 "와!" 하면서 호응을 보여주었다.

아이들의 다양한 의견을 들어보니 자기의 물건을 다른 사람에게 나누는 것에 대해 함께 이야기를 나누면 좋겠다는 생각이 들었다. 이 주제에 알맞은 이야기인 《의좋은 형제》를 아이들에게 들려주었다. 두 형제가 깜깜한 밤에 서로 볏짚을 옮기다가 마주친 이야기를 들려주자, 아이들은 동화 속의 어진 형과 동생 이야기에 매우 신기해했다.

미술활동 이어가기

구멍 난 도깨비 조끼 꾸미기

《도깨비 옷에 구멍이 뽕》을 읽고 아이들과 도깨비 조끼를 만들어보는 시간을 가진다.

1. 쇼핑백을 조끼 모양으로 오린 후 뒤집어서 무늬가 없는 쪽이 나오도록 한다.
2. 색연필과 사인펜, 물감 등 아이들이 좋아하는 것을 이용해 저마다 개성 있는 조끼를 꾸며 완성한다. 시트지나 접착 펠트지 위에 그림을 그린 뒤에 가위로 오려 조끼에 붙이면, 다양한 조끼 디자인을 할 수 있다.

미술활동 이어가기

도깨비방망이 만들기

도깨비 조끼를 만든 후 도깨비방망이도 만들어본다.

1. 켄트지 위에 연필로 도깨비방망이를 그리고 오린 뒤에, 쿠킹 포일을 구겨서 두텁게 방망이 위에 붙인다. 쿠킹 포일을

붙일 때는 양면테이프(글루건)를 이용한다.

2. 글루건을 이용해 색색의 솜방울을 쿠킹 포일 방망이에 붙여서 꾸민다.

아이들의 "왜요?"를 끝나지 않게 하라

아이들은 호기심 천국에 산다

아이들과 수업을 하다 보면 선생님에 대해서 궁금해하는 아이가 있다. 한 번은 수업이 끝나고 재료를 챙기던 중에 딸한테서 전화가 걸려왔다. 내가 딸과 이야기하는 도중에 딸에게 "엄마가 가게에 들러서 사 가지고 갈게"라고 하자 한 아이가 아주 이상하다는 눈빛으로 "선생님이 왜 엄마예요?"라고 물어왔다. 나는 아이 질문에 나도 모르게 "왜? 선생님이 엄마라는 게 이상해?" 하고 아이에게 물었고 그러자 아이는 "네"라고 대답했다.

나는 아이에게 "선생님도 집에 가면 딸이 있어"라고 말해주었다. 그러자 아이는 질문을 하기 시작했다. "선생님도 가족이 있어요?", "혼자 사는 게 아니에요?", "그럼 선생님 몇 살이에요? 우리 엄마는 서른일곱 살인데" 하면서 아이의 질문은 끊임이 없었다. 옆에서 같이 듣던 엄마는 "그런 걸 자꾸 물어보는 건 실례야"라고 하자 아이는 또다시 눈을 동그랗게 뜨고는 "왜?"라고 다시 물었던 기억이 난다.

아이들과 책을 읽고 수업하다 보면, 아이들의 질문이 끊이지 않는 것을 알게 된다. 아이들은 동화 속 이야기를 듣고 자기 머릿속으로 조금이라도 이해가 안 되면 "왜요?"라는 질문을 하기 시작한다.

스스로 '왜'의 길을 찾아가도록 하라

《앵무새 열 마리》(퀀틴 블레이크 글·그림, 시공주니어, 1999)를 가지고 수업을 진행할 때도 아이들의 질문은 쏟아졌다.

《앵무새 열 마리》에 나오는 뒤퐁 교수님은 앵무새 열 마리를 키우고 있다. 뒤퐁 교수님은 아침에 일어나서 이를 닦고 세수하고 옷 입고 넥타이를 하고 아래층으로 내려간다. 그리고 뒤퐁 교수님은 팔을 활짝 펴고 "안녕, 나의 멋진 깃털 친구들!" 하고 앵무새들에게 말을 한다. 그런데 그날따라 앵무새들은 뒤퐁 교수님을 놀려주기 위해서 온실 한쪽 귀퉁이에 유리창이 깨진 구멍으로 한 마리씩 한 마리씩 도망쳤다.

이튿날 아침에 뒤퐁 교수님은 온실에 들어와 팔을 활짝 벌려서 인사를 하려는데 앵무새들이 한 마리도 보이지 않았다. 이에 뒤퐁 교수님은 집안 구석구석을 찾아보았지만 앵무새들은 보이지 않았다. 몹시 실망한 뒤퐁 교수님은 그 다음 날 아침 여전히 앵무새가 없을 것이란 마음에 온실로 내려갔는데, 이번에는 어제 온실에 없던 앵무새 열 마리 모두 들어와 있었다. 그 모습을 본 뒤퐁 교수님은 매우 기뻐하면서 동화는 끝난다.

동화책 속 내용으로 아이들과 앵무새가 몇 마리인가 세어볼까 하면서 1부터 10까지 숫자를 세보려고 하는데 이 도서의 제목처럼 겉표지에는 앵무새 열 마리가 아닌 아홉 마리만 보인다. 겉표지의 앵무새를 세어보고 아홉 마리만 보이자 아이들은 "선생님, 앵무새가 왜 아홉 마리만 있어요?"라고 나에게 이구동성으로 물어보았다.

나는 아이들에게 "책표지 뒷면에 앵무새 한 마리 있지?" 하고 아이에게 말해주려고 했다가 아이들의 생각을 듣고 싶어서 "글쎄, 한 마리는 어디 갔을까?" 하고 물어보았다. 아이들은 각자 자기의 생각들을 말하기 시작했다. "앵무새가 교수님 놀려주려고 구석에 숨었을 것 같아요", "앵무새가 숲으로 날아갔을 거 같아요", "앵무새 집에서 안 나왔을 것 같아요" 하면서 아이들이 서로 다른 생각을 말하려고 하는 모습을 볼 수 있었다. 이처럼 아이들이 질문을 했을 때 아이에게 곧바로 답을 말해주지 말고 "글쎄,

왜 그럴 것 같으니?"라고 오히려 질문을 하면, 아이는 본인이 질문한 내용에 대해서 잠시 생각을 하게 된다.

많은 양육자들은 아이들에게 질문이 끊이지 않게 하라는 말을 어디에선가 한 번쯤은 들어봤을 것이다. 그러나 아이들이 "왜?"라는 질문을 했을 때 대부분은 "엄마는 지금 바쁘니까 오빠나 언니한테 물어봐"라고 하거나 "인터넷에 검색해 봐"라고 무심하게 말한다. 그러면 아이는 궁금해하는 부분을 그냥 지나쳐버리게 된다.

아이가 궁금해하는 부분을 아무리 바쁘더라도 아이와 함께 '왜 그런지'에 대해 같이 찾아보고 알아가는 일이 중요하다. 그러다 보면 아이는 하나씩 알아가는 재미와 '왜'라는 궁금증에 대해서 혼자 찾아가는 방법도 터득할 수 있게 된다.

꼬리에 꼬리는 무는 '왜냐면'

《왜냐면…》(안녕달 글·그림, 책읽는곰, 2017)이라는 동화는 아이가 질문을 했을 때 어떻게 이어가야 하는지를 알려준다. 이야기 속에서 아이는 엄마에게 "왜"라는 질문을 끊임없이 하고, 이에 엄마는 아이에게 재미있는 대답을 해준다. 엄마의 대답은 상상력을 자극하는 재치가 있어서, 대답과 아이의 질문이 다시 꼬리에 꼬리를 물면서 이어진다.

동화의 이야기는 유치원 선생님이 엄마에게 아이의 소지품이 든 가방을 건네주는 장면에서 시작된다. 엄마와 아이가 유치원을 나올 때쯤 하늘에서 비가 온다. 아이는 엄마에게 하늘에서 비가 왜 오는지 물어본다. 엄마는 하늘에서 새가 울어서 비가 오는 거라고 대답한다. 그러자 아이는 다시 새들이 왜 우냐고 묻자 엄마는 물고기들이 더럽다고 놀려서 운다고 답한다. 엄마의 재치 있고 엉뚱한 대답에 아이의 "왜"가 끊임없이 이어지고, 그렇게 재미난 상상력을 펼치면서 집으로 오느라 아이는 오늘 유치원에서 있었던 일을 까맣게 잊고 만다.

엄마는 땅의 수증기가 올라가 구름이 만들어져서 비가 온다는 사실은 알고 있지만 아이에게 엉뚱하고 기발한 대답을 한다. 아마도 엄마가 아이에 눈높이에 맞지 않게 과학적으로 대답을 해주었으면 아이의 "왜"라는 질문은 평범한 정답으로 끝났을 것이다. 그래서 이 책의 제목이 "왜"가 아니고 "왜냐면…"인 것이다. 질문 뒤에 이어지는 답변이 너무나 궁금해서 기다리게 만들기 때문이다.

너희도 같이
공부해 보면 어떨까

아이들은 궁금한 것을 즉흥적으로 물어보는 분야가 아주 다양하다. 간혹 내가 대답해 주기 곤

란한 질문을 하거나 잘 모르는 질문을 받으면 "선생님이 잘 모르니까 공부해서 다시 알려줄게. 너도 공부해서 선생님이랑 얘기하면 어떨까?"라고 하면 고개를 끄덕이는 아이도 있고 "선생님도 모르는 게 있어요?" 하는 아이들이 있다.

그러고 나면 며칠 뒤 아이가 "엄마랑 찾아봤어요" 하면서 자기가 직접 알아낸 답을 자랑스레 알려주는 경우도 많다. 그때 아이들은 스스로를 매우 뿌듯해하고 자랑스러워한다.

아이들은 질문으로 자란다. 더러는 스스로 질문과 답을 둘 다 하면서 호기심을 충족하고 상상력을 키워간다. 아이들의 생각 보따리를 채우는 상상의 힘이 매우 중요한 이유다.

5장

오감으로 소통하고 교류하는 아이들

사과하지 말고
'사과를 그려주세요'

"아이가 원해서 오셨나요?"

나는 큰아이를 육아하면서 아이가 초등학교에 입학하기 전까지 8년이라는 시간 동안 경력 단절 여성으로 생활했다. 아이가 초등학교 입학을 하며 드디어 다시 일을 시작할 수 있게 되었다. 두려운 마음과 설레는 마음이 함께하면서 미술 교습소를 개원하게 되었다.

개원하면서 학부모님들과 상담하며 받은 질문 중 대부분은 이런 것이었다. "얼마 정도 다니면 아이가 미술을 잘 그릴 수 있을까요?" 그러면 나는 어머니들에게 즉시 반문하곤 했다. "학교 들어가서 미술 수업을 제대로 못 따라갈까 봐 걱정되어서 같이 오셨나요?" 하고 말이다.

이렇게 묻는 이유는 명확하다. 아이가 스스로 원하고 또 미술 교육원에 다니고 싶을 때 와야 그림을 즐기면서 즐겁게 활동에 몰두할 수 있기 때문이다. 원해서 오는 아이들은 다양한 표현 활동을 하면서 짧은 시간이라도 관심과 호기심을 갖고 자신이 그리고 싶은 그림을 자신감 있게 표현한다.

하지만 그 반대로 아이가 미술에 관심이 없는데 엄마가 미리 걱정되는 마음에 교육원에 보내는 경우가 있다. 이런 아이들은 배우고 싶어서 온 아이보다는 관심도 흥미도 없어서 그림 그리는 시간에 집중하기보다는 시간을 그저 '때우고' 가기 십상이다. 가끔 짧은 시간 흥미를 보이고 집중할 때도 있지만, 미술활동에 재미있게 참여하기보다는 친구들과 장난을 하거나 다른 짓을 하면서 보내기도 한다.

때로는 친구가 선생님이 되어준다

아이 스스로가 원해서가 아니라 부모님 손에 이끌려 온 아이들은 자신감이 없어서 하얀 도화지 위에 선뜻 그림을 그리지를 못하고 머뭇거리는 경우가 많다. "어떻게 그리면 되나요?" 하고 질문하는 아이도 있고, "선생님 어떻게 그리는지 잘 모르겠어요. 스케치북에 그려주세요"라고 이야기하는 아이도 있다.

나는 그럴 때마다 아이들에게 동그라미를 먼저 그려보자고 하거나 아니면 다른 친구들에게 "친구가 어려워하는 부분을 그려볼 친구 혹시 있니?" 하고 물어본다. 왜냐하면 친구들이 쉽게 그리는 모습을 보면 '나도 한번 도전해 볼까?' 하는 생각을 가질 수도 있고, 또래 친구가 그리는 방법이 또래 친구들의 눈높이와 같아서 보다 쉽게 이해하고 따라서 표현해 보려고 할 수도 있기 때문이다.

이처럼 아이들에게 그림은 잘 그리려 하는 대상이라기보다는 자신감을 갖는 대상이 되는 게 더 중요하다. 그래서 나는 아이들과 수업할 때 그리기를 어려워하는 아이들에게는 그리기보다 오감을 느끼며 표현하는 입체 활동(만들기)과 평면 활동(꾸미기)을 수업으로 진행하곤 한다.

그리기를 어려워하는 아이들은 그리기보다는 손으로 무언가를 만들고 꾸미는 수업을 더 좋아한다. 그리기에 부담이 없기 때문에 아이들은 수업에 즐겁게 참여한다.

직접 칠하지 않아도 색을 입힐 수 있어요

아이들이 그림에 자신감을 갖게 하기 위해서 내가 쓰는 또 하나의 방법이 있다. 바로 아이들 연령에 맞게 도형을 응용하게끔 해서 오감 활동을 접하며 표현할 수 있게 지도하는 것이다. 예를 들어 유치원생들이라면 다음과 같이 활동한다.

1. 도화지 위에 사과 모양 크기의 동그라미를 그리게 한다.
2. 빨간색의 습자지(習字紙)를 동그라미 위에 대고 사과 모양으로 오려낸다.
3. 오려낸 습자지를 도화지 위에 그린 사과 위에 올린다.
4. 붓에 물을 묻혀 습자지를 문지른다.
5. 도화지 위에 붙은 빨간색 습자지가 도화지를 물들일 때까지 조금 기다린 후 습자지를 떼어낸다.
6. 떼어낸 자리가 빨간색 동그라미로 물들면, 마를 때까지 기다렸다가 크레파스나 색종이를 가지고 사과 꼭지와 사과 꼭지에 붙은 사과 잎을 표현해 그려준다.

이런 방법으로 미술 수업을 진행하면 아이들이 직접 그리지 않아도 빨간 사과를 색칠할 수 있게 되어 아이들이 미술활동에 흥미를 가질 수 있게 된다. 물감 놀이를 좋아하는 유아들과 진행하면 좋다.

초등학생들에게는 색종이를 이용해 나뭇잎 모양으로 접거나 갈색의 종이를 구겨서 오려 붙이면 나무 기둥의 질감을 더욱 실감 나게 표현할 수 있어 아이들이 무척 좋아한다. 다음과 같이 좀 더 심화된 활동을 이어가도 좋다.

1. 도화지에 크레파스로 사과나무를 그리게 한다. 열매와 나뭇가지, 잎 등을 모두 그려 넣게 한다.
2. 사과나무에 주렁주렁 열린 사과를 표현하기 위해서 빨간색 습자지를 동그랗게 가위로 오리게 한다.
3. 동그랗게 오린 모양의 사과를 나뭇가지에 적당히 올려놓은 후 물을 묻힌 붓으로 문질러 습자지의 색이 도화지에 물들게 한다.

도형을 익혔다면 실제 사물로

도형을 익히게 했다면(도형으로 표현하는 방법에 대해서는 '3장 도형으로 시작해 과일로 끝나요'에서 구체적으로 설명했다) 이제는 실제 사물, 도형보다 좀 더 섬세하게 표현할 수 있는 방법으로 사물을 그리게 한다. 이때는 도형에서 부드러운 곡선으로 표현할 수 있게 옮겨간다.

나는 주로 나무, 꽃, 새 등을 그릴 때 기본 도형을 응용하도록 지도했다. 몇 가지 모양을 예를 들면 나무와 꽃에 따라 나뭇잎 모양이 다양하게 곡선으로 표현하고 나뭇잎의 잎맥선도 표현할 수 있게 아이들에게 잘 관찰하고 표현해 보도록 했다. 꽃은 동그라미, 세모, 별 모양을 변형해서 표현할 수 있게 했다. 나무 기둥의 질감을 한 가지 색이 아닌 두세 가지 색으로 겹쳐서 표현할 수 있도록 안내하고, 새를 그릴 때도 날아가는 모습, 앉아있는 모습 등 다양하게 표현할 수 있도록 오감을 다 사용해서 아이들이 그리는 대상을 살펴보도록 유도한다.

실제 나무를 표현하는 수업을 하기 위해서 집 앞마당에서 키가 큰나무, 키가 작은 나무와 나뭇가지와 나뭇잎들을 잘 보고 "우리 재미있게 그려볼까?"라고 물었다. 그러자 수업을 받던 남자아이는 크기와 모양이 다른 나뭇잎을 따면서 꽃과 나뭇잎에게 이렇게 말했다.

"나뭇잎아, 미안해. 오늘은 내가 너를 그리려고 하는데 너를 보고 그려야 해서 나뭇잎 하나만 딸게. 조금 아파도 참아, 알았지?"

아이는 그렇게 나무에게 미안하다는 말을 하고 나뭇잎을 따서 가지고 온 후 나뭇잎을 똑같이 그리기 시작했다. 내가 아이에게 "왜 나뭇잎에게 미안하다고 했어?"라고 묻자, 아이는 "나뭇잎도 나무랑 같이 살고 싶을 텐데 제가 나무에게서 떼어놓으니 미안하잖아요"라고 당연한 듯 답했다. 아이들의 예쁜 마음을 엿볼 수 있어 마음이 매우 따뜻해졌다.

아이들에게 처음부터 "꽃은 이렇게, 사람은 이렇게, 나무는 이렇게 그리는 거야" 하고 단정 지어서 이야기하고 그림을 보여주는 것은 아이의 생각 주머니를 닫게 만드는 것이다. 나는 봄, 여름, 가을, 겨울을 대표하는 꽃은 무엇이 있을지 아이들에게 먼저 질문한다. 그러면 아이들은 봄에 본 꽃의 이름을 기억하고 이야기들을 한다. 봄에 피는 꽃 중에 직접 접해보지 못한 꽃은 사진으로 보고 꽃말에 대해서도 알아볼 수 있다.

아이들은 계절을 대표하는 꽃만큼은 머릿속에 각인이 되어 아이 나름대로 표현할 수 있게 되어 아이만의 향기롭고 예쁜 봄꽃을 표현할 수 있다. 또 그림을 그리는 아이가 자신감을 가지고 표현할 수 있게 지도하는 선생님은 칭찬을 아끼지 않고 동기부여를 하면 아이는 더 신이 나서 재미있고 즐겁게 표현하며 이야기가 많아지는 것을 옆에서 지켜볼 수 있다.

오감으로 자라게 하는 비결

아이들은 이처럼 다양한 방식으로, 저마다의 성장 패턴에 따라 자란다. 어른들이 해야 할 일은 이야기와 정보가 있는 책과 아이 주변을 둘러싼 자연환경을 충분히 활용해서 아이들이 오감으로 사물을 느끼도록 돕는 일이다. 오감이 중요한 이유는 성장기 아이들의 경우 눈, 코, 입, 청각, 촉각 등 아이 스스로 몸을 움직이고 탐색하면서 감각기관이 발달하기 때문이다.

아이들의 감각을 가장 자극하는 것은 단연코 '놀이'다. 아이들은 마음껏 호기심을 충족시키면서 놀 때 뇌에 충분한 감각 자극을 전달하기 때문이다.

책을 읽고 다양한 경험으로 미술활동을 하게 하면서 오감이 풍부하게 발달할 수 있는 아이로 키우는 일은 어렵지 않다. 책으로 간접 경험을 하게 하고, 미술로 직접 경험을 하게 하는 것, 이것이 예술과 문화생활로 아이들을 아이답게 자라나게 하는 가장 큰 비결이다.

감정을 살필 줄 아는 아이가 건강하다

아이의 감정이 드러난 날

아이들과 책을 읽고 활동하는 수업을 진행하다 보면 아이들이 평소와는 다르게 그림을 그리거나 책장을 넘기는 모습을 볼 수 있다. 그때 아이를 곰곰이 살펴보면 주로 뚱한 표정을 짓고 있거나 화가 나 있을 때가 많다. 그러면 나는 아이에게 물어본다.

"혹시, 화가 났어? 왜 화가 났는데?"

그러면 아이는 선생님이 자신의 이야기를 들어줄 거라고 생각해서인지 속상한 마음에 대해 이야기보따리를 한 아름 풀어놓기 시작한다. 나는 이야기를 다 듣고 "아! 그래서 속상했구나!" 하고 응수해 준다. 그러고는 이내 "하지만 네가 속상하면 엄마는 마음이 많이 아프실 텐데, 그건 알아?" 하고 말을 건넨다. 그러면 아이는 내가 화를 내면 엄마도 마음이 아프냐고 되묻기도 하고, 그런 생각은 해보지 못해서 처음이라는 듯한 표정을 짓곤 한다.

어느 날은 이런 내 질문을 듣던 옆의 친구가 이렇게 대신 말해주기도 한다. "우리 엄마가 그랬어요. 엄마, 아빠가 야단치는 것은 우리가 훌륭한 사람이 되라고 야단치는 거라고." 이런 아이들을 볼 때마다 의젓하지 않을 수 없다.

이렇게 아이와 감정에 대해 이야기를 나눈 날에는 주로 한스 안데르센의 동화 《성냥팔이 소녀》를 같이 읽거나 《털털털 굴삭기》를 읽고 표현 활동을 진행한다.

동화 속에서 공감을 배워요

《성냥팔이 소녀》는 여러 출판사에서 다양한 버전으로 시중에 나와 있다. 어느 책이어도 좋다. 나는 아이들과 이 책을 접할 때 동화 구연으로 읽어주고 동화 속 성냥팔이 소녀에 대해서 이야기를 나눈다.

어느 날은 평소에는 매우 밝고 발랄한 여자아이가 고개를 푹 숙이고 시무룩하게 가만히 앉아 있어서 내가 "왜 그래? 기분이 안 좋은 일이 있었니?" 하고 물어보았다. 아이는 "아니요" 하면서 "성냥팔이 소녀는 가족도 없는데 친구들이 성냥팔이 소녀를 놀려서 불쌍해요"라고 울먹울먹했다. 아이는 동화 속 주인공에게 깊이 공감을 하고 있었던 것이다.

나는 아이에게 "성냥팔이 소녀와 같은 친구가 있으면 어떻게 해주고 싶은데?" 하고 물었다. 그러자 아이는 "춥고 배가 고프니까, 가장 먼저 우리 집에 데리고 가서 엄마한테 맛있는 음식을 해달라고 할 거예요"라고 했다. 그러고는 "내가 가지고 있는 장난감 다 갖고 놀아도 된다고 얘기해 줄 거예요"라고 했다.

이 아이가 성냥팔이 소녀에게 해주고 싶은 것들을 이야기하자 다른 아이들도 거들기 시작했다. "엄마한테 친구랑 우리 집에서 겨울이 지날 동안 같이 지내고 싶다고 할 거예요", "경찰 아저씨에게 도와주라고 말할 거예요", "대통령한테 편지를 쓸래요. 소녀를 도와달라고요" 등등 정말 많은 아이디어가 나왔다.

굴삭기에게서 저마다의 장점을 배워요

《털털털 굴삭기》는 굴삭기가 주인공으로 등장한다. 굴삭기는 다른 자동차와 바퀴 모양도 다르게 생겼으며 빠르지도 않다. 하지만 힘이 세다 보니 나무도 한 번에 픽 쓰러뜨리고 땅속의 흙도 한 번에 많이 들어 올릴 수도 있는 좋은 점을 갖고 있다. 그런데 느릿느릿 굴삭기가 굴러가는 중 뒤에 따라오던 자동차, 트럭, 구급차, 굴렁쇠는 굴삭기를 보

정하섭 글, 한병호 그림, 《털털털 굴삭기》, 비룡소, 1997

고 "자동차라면 나처럼 빨리 달려야지", "자동차라면 나처럼 짐을 싣고 달려야지", "구급차라면 나처럼 아픈 사람을 빨리 병원으로 옮겨야지" 하면서 털털털 굴삭기를 놀리면서 지나갔다. 그 소리를 들은 굴삭기는 혼자 "나는 쓸모가 없나 봐" 하면서 속상해한다.

하지만 그것도 잠시, 이내 굴삭기 앞을 빠르게 지나갔던 자동차, 트럭, 구급차, 굴렁쇠들은 산에서 내려온 돌과 흙더미 때문에 길을 지나가지 못하고 "도와줘, 굴삭기" 하며 굴삭기의 도움을 애타게 기다린다. 그때 굴삭기는 느리지만 길 위에서 도움을 기다리는 자동차들을 위해 집채만 한 돌덩이를 치워준다. 그 덕분에 앞에 먼저 가던 차들은 무사히 길을 지나갈 수 있게 되었다. 도움을 요청한 자동차들은 "고마워, 굴삭기" 하면서 인사를 하고 지나갔다. 느릿느릿 굴삭기는 이제는 신이 나서 털털털! 길을 달린다.

《털털털 굴삭기》는 저마다 가진 장점들은 다르다는 것을 아이들에게 말해준다. 굴삭기는 자신도 누군가의 도움을 줄 수 있다는 점에 대해서 뿌듯해하면서 신나게 길을 간다. 그 모습이 의연하면서도 멋지다.

나는 이 동화를 읽고 아이들에게 "나와 다르다고 또는 못생겼다고 놀리면 친구의 기분이 어떨까?" 하고 물어보았다. 그러자 아이들은 모두가 마치 약속이나 한 듯이 "그러면 안 돼요"라고 답했다. 나는 이어서 저마다 타고난 장점은 모두 다르다는 말도 해주었다. 누구는 힘이 세다, 누구는 빠르다, 누구는 듬직하다, 누구는 마음이 다정하다 등 그날은 굴삭기 책에서 저마다 타고난 장점을 배울 수 있는 날이었다.

미술활동 이어가기

성냥으로 만드는 내 이름

《성냥팔이 소녀》를 읽고 나면 아이들과 꼭 하는 활동이 있다. 성냥개비를 20~30개씩 나누어주고 각자 이름을 활동지 위에 성냥개비를 올려 쓰도록 한다. 그런 다음 목공용 본드를 사용해서 성냥개비를 붙이면, 입체가 된 자기 이름을 만들 수 있다.

요즈음 아이들은 성냥을 처음 보는 아이들이 많다. 그래서 성냥 그 자체만으로도 매우 신기하게 생각하며 아이들은 신이 나서 묻는다. "이거 동화 속 성냥개비처럼 성냥에 불을 붙이면 불이 나요?" 하고 이리 보고 저리 보면서 많이 궁금해하는 모습을 볼 수 있다.

유치원 또래 어린아이들에게는 성냥 대신 면봉이나 수수깡 빨대를 사용한다. 자르고 꺾고 붙이는 재미에 아이들이 매우 몰입하는 것을 볼 수 있다.

미술활동 이어가기

움직이는 굴삭기 만들기

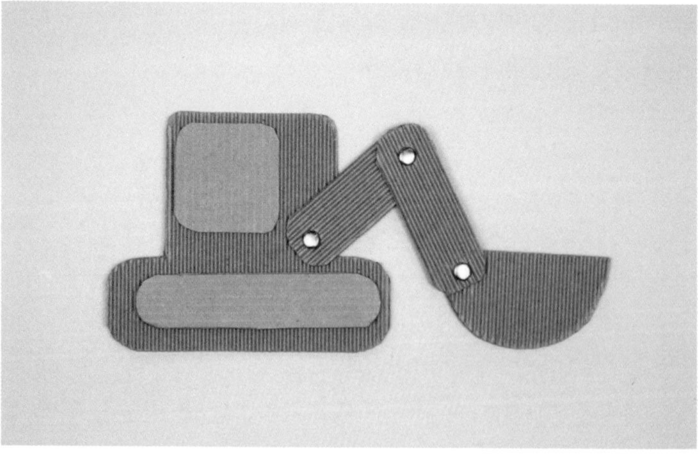

《털털털 굴삭기》를 읽고 난 뒤에는 골판지와 할핀을 이용해

움직이는 굴삭기를 만들어본다.

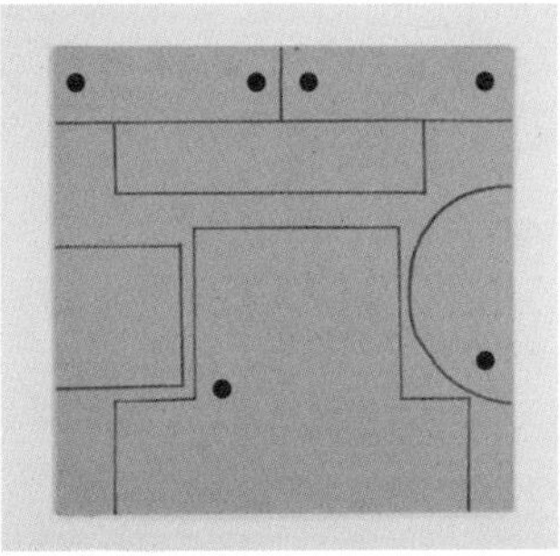

굴삭기 스케치 작업

1. 골판지 뒷면에 굴삭기의 바퀴와 몸통, 굴삭기의 기다란 두 팔과 반원 모양의 굴삭기 삽을 스케치한다.
2. 송곳을 이용해 굴삭기 팔이 연결되는 부위와 굴삭기 삽이 연결되는 부위에 구멍을 뚫은 다음 오린다.
3. 구멍을 뚫은 곳에 할핀을 꽂아, 굴삭기 팔이 각각 따로 움직일 수 있도록 한다. 삽으로 연결된 부위에도 할핀을 꽂으면 굴삭기 팔과 삽이 자유자재로 움직일 수 있다. 이렇게 굴삭기를 만들어놓으면 아이들은 손으로 움직이면서 굴삭기를 재미있게 가지고 논다.

운동회로
얼굴 표정을 익혀요

동화를 읽으며
표정과 감정을 배워요

아이들은 얼굴을 그릴 때 주로 동그라미를 이용해 그린다. 동그랗게 도형을 그리고 그 안에 눈, 코, 입 등을 그려 넣는 식이다. 그런데 아이들이 주로 강조하는 것은 눈이나 입에 치중된다. 코는 단순하게 막대기로 그려 넣거나, 작은 구멍 2개로 표시하는 것을 볼 수 있다.

때로는 코를 안 그리는 아이들도 있다. 이런 아이들에게 코를 왜 자세히 안 그리느냐고 물으면 이렇게 답하곤 한다. “코를 그리면 그림이 이상해져요. 어느 위치에 그려야 할지도 모르겠고요. 사람 얼굴이 이상해져요.”

그래서 나는 아이들에게 표정을 좀 다양하게 그려보라고 지도한다. 마구 긴장하고 있는 표정이나 무언가를 막 해냈을 때 기뻐하는 표정, 아이스크림을 눈앞에 둔 표정, 때로는 콧구멍을 벌렁이는 표정 등 다양한 표정들을 설명해 준다.

이런 활동을 할 때는 주로 다양한 표정을 배울 수 있는 동화책을 읽으면서 병행한다. 가족들의 끈끈한 사랑과 행복한 표정을 볼 수 있는 이야기 동화와 친구들의 감정을 읽을 수 있는 이야기가 나오는 동화가 좋다. 내가 주로 읽는 책들은 다음과 같다.

가족들의 끈끈한 사랑과 행복한 표정을 볼 수 있는 이야기 동화

- 《솔이의 추석 이야기》, 《연이네 설맞이》
- 《모모의 동전》(위리충 글, 주청량 그림, 토토북 2009)

친구들의 감정을 읽을 수 있는 이야기가 나오는 동화

- 《친구랑 싸웠어!》(시바타 아이코 글, 이토 히데오 그림, 이선아 옮김, 시공주니어, 2006)
- 《짝꿍 바꿔 주세요!》(다케다 미호 글·그림, 고향옥 역, 웅진주니어 2007)
- 《꼴찌라도 괜찮아!》(유계영 글, 김종석 그림, 휴이넘, 2010)

이런 동화들로 감정을 익히고 난 뒤에는 실제 다양한 표정을 그릴 수 있는 미술활동을 이어간다. 사람들이 많이 등장하는 가을 운동회, 줄다리기, 체육 시간, 소풍, 놀이기구가 있는 놀이터

등을 주제로 하면 아이들이 표정을 다양하게 표현하는 것을 볼 수 있다.

표정이 이렇게나 많았다니

아이들에게 사람들의 다양한 표정을 가르칠 때는 먼저 이런 질문으로 시작한다.

"사람 얼굴이 표현할 수 있는 감정들은 몇 가지일까? 우리 각자 그려서 표현해 볼까?" 내 질문에 한 아이가 "선생님, 나는 4개의 감정을 그릴 수 있을 것 같아요. 슬프고, 웃고, 화나고, 즐거운 감정요" 했다. 그러자 옆자리에 있던 아이는 "나는 5개요!" 하면서 나섰다. 어떻게 5개가 되냐고 묻자 그 아이는 이렇게 말했다. "슬픈 얼굴, 웃는 얼굴, 놀란 얼굴, 졸린 얼굴, 화난 얼굴, 찡그린 얼굴이요" 그러더니 아이는 이내 "어, 여섯 가지네?" 하면서 감정이 이렇게 많은 줄 몰랐다며 웃는다.

표정 그리기 수업을 진행할 때면 아이들은 저마다 서로의 얼굴을 보기 바쁘다. 눈과 눈썹 모양, 입 모양을 보고 따라 그리기도 하고 서로 화난 표정을 지어달라며 요구하기도 한다. 특별히 재미난 표정을 짓는 아이가 나오면 서로 깔깔거리면서 흉내도 내보고, 그렇게 도화지 위에 사람의 감정 표현을 그리면서 시간을 보낸다.

어떤 날은 표정이 변하는 것을 단계별로 그려보기도 한다. 이를테면 엄마의 감정 변화를 그려보는 것이다. "엄마가 화나기 직전, 화가 최고로 났을 때, 화가 가라앉았을 때의 얼굴을 그리면 어떨까? 선생님은 재미있을 거 같은데"라고 이야기하자 한 아이가 리얼하게 표현하는 것을 보고 정말 놀라기도 했다.

가을 운동회를 그려보자

얼굴 표정 그리기 시간을 가진 뒤에는, 다양한 사람의 얼굴 표정을 그릴 수 있는 주제를 정한 뒤 그림 그리는 활동을 이어간다. 대표적인 주제가 '가을 운동회 날'이다.

코로나19로 인해 3년 동안 아이들이 정상적인 학교생활을 하기보다는 비대면 수업으로 집에서 온라인 수업으로 전환하면서 해마다 진행하는 학교 행사는 거의 볼 수 없었으며, 특히 초등학교, 중학교, 고등학교 졸업식은 후배들과 가족들의 축하도 없이 각반에서 방송으로 진행했다. 그래서 매해 열리는 가을 대운동회 규모도 학교마다 사라지거나 저학년, 고학년으로 나누어서 소 운동회로 진행하는 학교들도 볼 수 있었다.

나는 아이들에게 운동회를 하면서 응원이 많이 필요한 종목은 뭐가 있을까 하고 물었다. 아이들은 "이어 달리기요"라고 이구동성으로 답했다. 이어 달리기에서 청군이 이기느냐, 백군이 이기느냐에 따라 승부가 결정되기에 가장 많이 응원하게 된다고 했다. 그러자 한쪽에서 "아니야! 줄다리기야. 줄다리기는 청군팀, 백군팀 모두 이기기 위해서 한 몸처럼 같이 움직여야 하니까 줄다리기가 응원이 정말 중요하지" 하면서 팽팽히 맞섰다. 이렇게 서로 이어 달리기와 줄다리기로 나뉘어 아이들은 갑론을박을 펼쳤다. 그런 모습을 보니 슬그머니 웃음이 나왔다.

나는 아이들에게 "각자 응원하는 팀이 이기길 선생님도 바라. 자, 이번에는 이어달리기나 줄다리기처럼 응원이 필요한 운동회 장면을 그려보자. 경기에 참가한 선수들의 얼굴을 그려도 좋고, 응원하는 응원단의 열띤 감정 표현을 그려도 좋아. 달리기를 하다가 넘어진 아이도 있을 텐데, 그때의 표정은 어떻게 표현해야 할까?"라고 물었다. 그러자 아이들은 "찡그린 얼굴요", "우는 얼굴요", "화가 나고 분해서 식식대는 표정이요" 하면서 각자의 생각을 이야기했다.

그런데 그중 한 아이가 "웃는 얼굴요"라고 답하는 게 아닌가. 아이들이 어째서 웃는 얼굴이냐고 묻자 그 아이는 "자존심이 상하니까 우는 대신 웃어요"라고 했다. 정말, 아이들의 반응은 표정만큼이나 천차만별이다.

아이들에게 스스로 제일 많이 짓는 표정은 어떤 표정인지 물었다. "음, 표정이 없는데요"라고 한 아이가 대답하기에 이번에는 "무표정도 표정이야. 각자의 무표정할 때의 얼굴을 그려보자"

라고 했다. 아이들은 이렇게 표정을 배우고, 감정을 배운다.

미술활동 이어가기

표정 그리기를 하고 나면 유아들에게는《눈 오는 날》(에즈라 잭 키츠 글·그림, 김소희 역, 비룡소, 1995)을 읽고 사람의 얼굴 표정이 아닌 눈사람에서 표정을 표현할 수 있게 지도한다(4장 '눈사람 가족 만들기' 작품 참고).

눈사람을 종이접기로 3개 접어서 완성한 후 눈사람이 추워하는 표정과 행복해하는 표정, 하늘을 바라보는 표정과 모습을 표현하게 하기도 하고 종이를 길게 2번 접어서 쌍둥이 눈사람이 4개 나올 수 있게 오린 뒤 아이들에게 "추워하는 눈사람은 귀마개, 모자, 목도리를 어떻게 표현할까? 행복해하는 눈사람의 스마일 입을 어떻게 표현해 줄까?" 묻는다. 그러면 아이들은 "콩처럼 점을 찍거나 주황색 색종이로 반원 모양으로 잘라서 표현해요"라고 저마다 의견을 내놓는다('4장 글 없는 그림책으로 펼치는 상상의 세계' 참고).

이런 활동을 할 때면 아이들은 눈사람 위에 표정을 입히면서 서로 눈사람을 만들어봤냐며 눈사람 이야기를 나누는 시간을 갖는다. 나는 아이들에게 사람의 얼굴을 표현할 때 생각을 안 하고 표현하면 섬세한 표현을 놓치고 갈 수도 있다고 이야기해 준다. 똑같은 얼굴이 없는 것처럼 얼굴의 감정 표현도 똑같이 표현하는 것보다 각각 표정들을 다르게 그릴 수 있도록 유도한다.

예를 들면 달리는 사람의 힘든 표정과 여유 있게 달리는 사람, 달리다가 넘어져서 우는 사람, 앞사람을 앞지르려고 안간힘을 쓰는 사람 등 재미있는 표정이 나오게 지도한다. 응원하는 사람들의 표정도 입을 크게 벌리고 소리 지르는 사람, 손을 높이 쳐들고 애타게 부르짖는 사람 등 다양한 응원단의 모습을 표현하게 한다. 각자 그린 그림을 나란히 놓고, 누가 어떤 표정을 그렸는지 보는 시간을 이어가면 표정 그리기 활동 시간이 매우 흥미로워진다.

우리 엄마 풍선은 무슨 색일까

우리 엄마는 어떤 엄마일까

아이들과 동화책을 읽고 활동하는 수업을 진행하다 보면 가족 이야기가 주제인 동화를 많이 만날 수 있다. 아빠를 주제로 한 동화, 엄마가 주제인 동화, 우애가 좋은 형제 동화, 동생과 사이좋게 지내는 동화 등 가족을 주제로 다룬 이야기에서 미술로 표현할 수 있는 활동 주제를 많이 접할 수 있다. 내가 아이들에게 자주 들려주는 이야기 또한 가족을 그린 동화가 많다.

그중 아이들 공연으로도 많이 접하는 앤서니 브라운의 《우리 엄마》(허은미 역, 웅진주니어, 2005)가 있다. 나는 《우리 엄마》를 읽기 전에 아이들에게 먼저 '엄마'에 대해 말해보는 시간을 갖는다.

"우리 엄마는 어떤 엄마일까?"라고 물었는데 한 아이가 "우리 엄마는 착해요"라고 말했다. "왜 그렇게 생각해?" 하고 이유를 물어보자 아이는 "우리 엄마는 내가 해달라는 거는 모두 다 해줘요"라고 대답했다.

어떤 아이가 "우리 엄마는 잡채를 잘 만들어요"라고 하자 어떤 아이는 "우리 엄마는 아빠보다 밥을 더 많이 먹어요"라고 응수해 다 같이 배를 잡고 웃었던 적도 있다. 그런가 하면 "아빠보다 엄마가 더 무서워요"라는 한 아이의 '고백'에 옆 짝꿍이 "와, 우리 집도 엄마가 대장인데"라고 해서 교실 여기저기에서 자기네 집 대장을 꼽는 것으로 이야기꽃을 피우기도 한다.

우리 엄마는 아빠한테만 으르렁거려요

동화책을 읽고 나면 이번에는 동화 속 엄마는 어떤 엄마인지 이야기해 보는 시간을 갖는다. 앤서니 브라운의 이 책은 "우리 엄마는 참 멋져요"로 시작해 "엄마는 굉장한 요리사, 저글링 잘하는 재주꾼, 화장도 잘하는 훌륭한 화가, 무엇이든 잘 자라게 하는 마법의 정원사, 무용가, 우주비행사" 등 엄마가 맡은 역할들을 나열한다. 엄마는 또한 때로는 사자처럼 '으르렁' 소리를 내기도 한다.

나는 아이들에게 다시 묻는다. "얘들아, 엄마가 언제 으르렁거릴까?" 그러자 아이들은 "엄마 말을 안 들을 때요", "공부 열심히 안 할 때요", "늦잠 잘 때요", "정리 정돈 안 할 때요" 등 저마다 사자 앞에 한 마리 쥐가 되었던 때를 기억해 낸다. 그중에 한 아이가 말한다. "우리 엄마는 아빠한테만 으르렁거려요. 아빠가 엄마하고 한 약속을 안 지켰거든요", "우하하하!" 아이들과 한바탕 웃음이 이렇게 시작되고 이렇게 끝이 난다.

가족을 담은 이야기책은 그 가족과 연결된 사건과 감정, 가족 구성원 내의 서열까지 다양하게 이야기를 확장하는 재미가 있다. 많은 이야기보따리가 펼쳐질 수 있는 이유다.

표정으로 고르는 얼굴 색깔

아이들과 가족 이야기를 하고 나면 사람의 얼굴로 표현할 수 있는 감정에 대해 이야기를 이어간다. 이때 연결할 수 있는 미술활동 놀이로 '엄마 얼굴 풍선으로 꾸미기'가 있다.

"얘들아, 엄마가 사자처럼 으르렁거릴 때의 얼굴색을 풍선으로 각자 꾸며보자!"

이렇게 제안하면 아이들은 각자 감정을 표현할 수 있는 색들을 고르기 시작한다. "사자처럼 으르렁거리면 화난 색을 골라야지?" 아이들은 저희들끼리 의논하면서 빨간색 풍선을 많이 집어

갔다. 놀란 얼굴을 표현하고 싶어 한 아이는 노란색, 무서운 얼굴은 겁에 질린 파란색, 검은색 풍선은 실망한 엄마의 얼굴색이, 분홍색은 즐겁고 행복한 엄마 얼굴로 표현되었다. 특히 분홍색 풍선을 고른 아이는 자기 엄마는 공주처럼 예쁜 엄마라고 하며 엄마 얼굴을 꾸미기 시작했다.

사람의 얼굴로 표현할 수 있는 표정들을 이야기하며 생각나는 감정과 표정의 특징에 대해 이야기해 보자고 했다. 그러자 아이들은 흥분하면서 "행복한 얼굴은 입이 스마일처럼 올라가요", "놀란 얼굴은 눈과 눈썹이 올라가고 입이 동그란 모양으로 되어요", "졸린 얼굴은 눈꺼풀이 반이 감겨요", "찡그린 얼굴은 이마에 주름이 생겨요", "슬픈 얼굴은 눈에서 눈물이 나요", "화난 얼굴은 눈과 입이 스마일 얼굴의 반대로 내려가요" 등 다양한 얼굴 표정의 특징을 말로 표현했다.

다양한 표정의 풍선 얼굴을 만들자

엄마의 풍선 얼굴을 표현하기 위해서는 풍선을 먼저 크게 불어 매듭으로 묶는다. 그런 다음 큰 종이컵을 엎은 뒤 열십(+)자 모양으로 칼집을 내서 풍선을 묶은 매듭을 그 안으로 집어넣어 풍선을 고정시킨다. 이렇게 하면 풍선 얼굴형이 완성된다.

풍선 위에 엄마 얼굴 꾸미기

그다음에는 풍선에 엄마의 표정을 그려넣는 순서다. 화난 엄마라면 빨간 풍선에 화난 엄마의 표정을 그리고, 행복한 엄마라면 스마일 표정을 그려넣는다. 겁에 질린 엄마, 실망하다 못해 절망한 엄마, 놀라거나 화가 나려고 해 으르렁거리는 엄마 등 각자 고른 풍선 색깔에 따라 다양한 표정을 그리도록 한다. 표정을 그리려고 할 때 아이들은 스스로 거울을 보고 자신이 직접 인상을 지어 찡그리거나 미소 짓거나 슬픔에 빠진 표정 등을 지어보고 따라 그리려 애쓴다.

풍선에 얼굴 표정을 그렸다면 컵은 엄마가 입은 옷을 표현하게 한다. 옷에 무늬를 색연필이나 사인펜으로 표현할 수 있게 하면 저마다 예쁜 의상을 만드느라 분주해 진다.

4~5세라면 쿠킹 아트로 표현하게 해주자

이번엔 아이들에게 동화 속의 나온 '요리사 엄마'를 주제로 이야기를 나눈다. "엄마가 해주신 음식 중에 요리사처럼 맛있게 해주신 요리가 뭐가 있을까?" 하고 물었다. 아이들은 "볶음밥이요, 카레요, 비빔국수요, 라면이요, 수제비요, 돈가스, 만두요" 하며 먹어본 요리들을 나열하면서 큰 소리로 말했다.

특히 나이가 어린 아이들은 엄마의 얼굴을 쿠킹 아트로 표현해도 좋다. 예를 들면 얼굴 모양을 뻥튀기나 식빵으로 표현하고 눈썹은 김으로, 머리카락은 스파게티 면을 삶아서 표현하거나 상추로 꾸미고, 눈은 색색의 동그란 초콜릿으로 코는 귤이나 파프리카로 입은 당근이나 귤껍질로 표현하고 이목구비를 붙일 때는 잼이나 올리고당으로 붙이면 예쁘고 멋진 엄마 얼굴을 표현할 수 있다.

책으로 시작해 보는 꿈 이야기

《우리 엄마》에는 엄마가 품었던 꿈 이야기도 나온다. 사장이 될 수도 있었고, 무용가가 될 수도 있었던 엄마. 그래서 나는 아이들에게 장래 희망이 무엇인지 물어보았다. 커서 어떤 사람이 되고 싶은지, 그 이유는 무엇인지에 대해서 물어보았다.

"요리하는 사람이 멋있어 보여서 요리사가 되고 싶어요", "가고 싶은 곳 어디든지 갈 수 있어서 비행 조종사가 되고 싶어요", "컴퓨터 게임이 재미있어서 프로게이머가 되고 싶어요", "우리 아빠처럼 멋진 아빠가 되고 싶어요", "BTS처럼 아이돌이 되고 싶어요" 등 아이들은 정말 많은 직업을 이야기해 주었다.

이처럼 한 권의 동화를 읽고 아이들과 할 수 있는 수업은 무궁무진하다. 직업이나 장래희망 이야기를 나눈 뒤에는 직업 체험으로 이어가는 활동을 하면 좋다. 의사가 장래희망이면 진찰할 때 필요한 의료기기들을 관찰한 후 그리거나 만들어보고, 비행기 조종사가 꿈이라면 비행기, 헬리콥터, 우주선, 패러글라이딩 등 하늘을 나는 탈것에 대해 같이 공부하고 만들고 그려보는 시간을 가져도 좋다. 아이돌이 꿈인 아이들에게는 각자 좋아하는 아이돌의 사진을 오려 붙여서 응원도구를 만들 수도 있다. 이 모두가 한 권의 동화책이 일으킨 효과다.

엄마 이야기가 주제인 동화

- 《엄마가 화났다》(최숙희 글·그림, 책읽는곰, 2011)
- 《도깨비를 다시 빨아 버린 우리 엄마》(사토 와키코 글·그림, 엄기원 역, 2004)
- 《엄마의 의자》(베라 B. 윌리엄스 글·그림, 최순희 역, 시공주니어, 1999)
- 《그래도 엄마는 너를 사랑한다》(이언 포그너 글·그림, 서애경 역, 베틀북, 2013)

찰흙에서 동물들이 태어났어요

미술 재료는 많은데 활동 경험은 적은 아이들

아이들과 미술활동을 하다 보면 아이들의 오감을 자극할 수 있는 다양한 미술 재료가 많다는 것을 새삼 느낀다. 찰흙, 지점토, 점핑클레이, 색모래, 데커레이션 점토, 무늬 색종이, 종이컵, 수수깡, 휴지심, 막대 스펀지(백업), 종이 접시, 조개껍질, 반구 모양의 플라스틱, 유리병, 양초, 철사, 리본, 단추, 골판지, 빵 끈, 타일, 비닐, 타공지, 하드 스틱, 구슬, 핫바 스틱, 낚싯줄, 할핀, 깃털, 인형 눈알, 주름지 등 정말 다양한 재료들을 활용하면 아이들과 그만큼 다양한 표현 활동을 할 수 있다.

표현 활동을 하기 위해 활동에 필요한 재료를 아이들에게 나누어주고 활동을 하다가 내 예상과 다르게 아이들이 반응해 올 때가 있다. 이런 현상은 주로 아이들이 만지고 놀 미술 재료는 다양해진 반면 자연과 접할 기회는 줄어든 데에 그 원인이 있다. 예를 들면 화분 만들기를 하는데 화분에 채울 흙을 대신해 찰흙을 나누어 준다. 아이들은 손에 흙이 묻는 게 싫다고 만지기를 거부하는 경우가 그 예다.

특히 찰흙을 꺼리는 아이들은 의외로 많아서, 종이 접시 위에 찰흙으로 동물을 만들어 부조로 표현하는 활동을 할 때면 데리고 하기가 힘들 때가 가끔 있다. 어떤 아이는 찰흙 냄새를 맡고 "웩! 이게 무슨 냄새예요?"라고 물어보고는 미처 내가 답을 하기도 전에 "똥 냄새 같아요" 하고 깔깔거리는가 하면 옆에 있는 아이는 "강아지 똥 같아요"라고 한술 더 뜨기도 한다. 그러나 그 이야기를 듣고 한 친구는 《강아지똥》(권정생 글, 정승각 그림, 길벗어린이, 1996)을 읽은 기억을 끄집어내기도 한다. 찰흙 하나를 아이들 활동 재료로 나누어주었을 뿐인데, 아이들이 펼쳐놓는 기억과 이야기는 아주 풍성해지는 것이다.

"집에 항아리 있는 사람?"

아이들과 흙을 주제로 이야기할 때면 읽는 동화가 있다. 《숨 쉬는 항아리》(정병락 글, 박완숙 그림,

보림, 2005)가 그 주인공이다. 동화 속에는 흙으로 만드는 그릇들이 나온다. 옛 어른들이 사용하는 항아리와 약탕기, 단지 등 말이다. 작은 항아리 하나가 깜빡 잠이 드는 바람에 시골 장 옹기전으로 팔려나가는 친구들 틈에 끼지 못하고 그만 혼자 남게 된다. 집 안을 둘러보던 작은 항아리는 유약을 바른 예쁜 꽃병이 못생겼다고 놀리는 소리에 기가 죽는다.

그러나 주인공 항아리는 온몸으로 숨을 쉬며 우리에게 유익한 유산균을 만들어주는 김치 항아리, 된장 항아리, 간장 항아리, 고추장 항아리 등 음식을 오래 저장해서 담을 수 있는 그릇이 되어준다.

《숨 쉬는 항아리》를 다 읽고 난 후에 아이들에게 물었다. "집에 옹기나 항아리 하나 정도는 다 있지?" 그러자 아이들은 저마다 다양한 답변을 내놓았다. "우리 집에는 없어요", "저는 할머니 집에서 봤어요. 김칫독요", 또 다른 아이는 "우리 집은 김치냉장고에 김치가 있는데요"라고 했고, 어떤 아이는 민속촌에서 본 적 있다면서 각자 경험담을 꺼내놓았다.

이처럼 흙으로 표현할 수 있는 것들이 얼마나 다양한지 책 속에서 접해보고 찰흙이 아니더라도 데커레이션 찰흙을 나누어주고 각자 만들고 싶은 그릇들을 만들어보자고 하면 아이들은 주제에 집중해서 열심히 만드는 모습을 볼 수 있다.

코끼리를 만들어보자

《그건 내 조끼야》(나카에 요시오 글, 우에노 노리코 그림, 박상희 역, 비룡소, 2000)에는 엄마가 떠준 멋진 조끼를 입고 자랑하러 나가는 생쥐가 나온다. 그러나 친구들이 한 번씩 입어 보는 바람에 조끼는 한없이 늘어나 버린다. 생쥐의 친구 가운데 조끼를 늘어나게 하는 일등공신은 단연코 코끼리다. 덩치 큰 코끼리가 조끼를 입는 바람에, 생쥐의 조끼는 돌아올 수 없는 강을 건너고 마는 것이다.

이 책을 읽고 나서 먼저 유치부 아이들에게 종이 접시 위에 찰흙으로 코끼리의 얼굴 크기를 정한 후에 코끼리 얼굴의 상징인 코를 먼저 표현해서 붙이고, 그다음 코끼리 눈과 입을 표현하고 귀를 표현하게 했다. 그다음 손바닥 지문과 나이 들면 생기는 얼굴의 주름 이야기를 하면서 코끼리 코의 주름을 섬세하게 표현할 수 있게 동기부여하면, 아이들은 나름 진지하게 주름을 표현하는 모습을 볼 수 있다.

초등부 저학년에게는 부조가 아닌 입체로 표현할 수 있게 한다. 찰흙을 밀대로 밀어 도톰하면서도 네모난 모양으로 만든다. 커다란 네모를 만들었다면 조각도로 몸통과 다리를 그어 자른다. 커다란 네모는 네 다리가 붙은 몸통이 되고, 떼어낸 찰흙 조각들로는 얼굴과 귀, 코, 꼬리를 표현하면 멋진 코끼리 한 마리가 완성된다.

사자에게 배우는 도서관 규칙

《도서관에 간 사자》(미셸 누드슨 글, 케빈 호크스 그림, 웅진주니어, 2007)는 사자가 도서관에 들어가는 이야기다.

사자가 들어가자 놀란 맥비 씨는 관장실로 달려가서 사자가 왔다고 말한다. 관장님은 규칙을 어기지 않았다면 내버려두라고 말한다. 사자를 입장 금지시키는 규칙이 없어서, 아이들과 함께 도서관 사서가 읽어주는 동화책을 듣는다. 문 닫을 시간이 다 되어 사서가 책을 덮자 사자는 더 읽어달라는 듯 으르렁거린다. 관장님이 달려와 시끄럽게 하려면 나가라고 한다. 하지만 관장님은 조용히 한다면 또 와도 된다고 한다.

다음날 사자는 도서관에서 관장님을 도와주었다. 관장님이 책을 꺼내다가 다친 사실을 맥비 씨에게 알리려고 큰소리로 으르렁거리며 관장님을 구했지만 시끄럽게 했기 때문에 도서관에 오지 못했다. 맥비 씨는 비오는 날 사자를 찾아가 도서관에 돌아오도록 했다. 모두들 돌아온 사자를 보고 반겼다.

이 책을 통해서 아이들은 도서관에서는 꼭 규칙을 지켜야 한다는 사실을 간접적으로 배울 수 있다. 책을 읽고서 아이들과 찰흙 또는 지점토를 사용해 종이 접시 위에 사자 얼굴을 부조로 표현해 보았다. 눈, 코, 입을 표현하고 사자 얼굴에 달린 갈기를 빵끈으로 꽂아서 표현한다. 사자 얼굴을 다 만들었다면 수채화 물감으로 칠해 얼굴을 사실적으로 표현하게 한다.

아이들과 동물을 표현할 경우 찰흙에 거부 반응이 있는 아이는 지점토를 이용해 동물의 특징적인 부분을 부조로 표현하게 한다. 예를 들면 얼룩말의 경우, 특징적인 무늬를 잘 관찰하게 한 뒤 아크릴물감이나 수채화 물감으로 덧칠해서 표현하게 하는 것이다. 수채 물감이 마른 후에는 니스나 투명 래커 또는 젯소로 한 번 덧칠해 주어 코팅시켜주면 젖은 손이나 물이 닿아도 물이 스며들지 않는다.

미술활동 이어가기

사자 얼굴 만들기

도서관에 놀러 간 사자 얼굴을 만드는 활동을 한다.

1. 종이 접시 1개와 지점토 2개, 빵끈 2m, 조각도, 수채화 물감, 붓을 준비한다.
2. 지점토와 조각도를 사용해, 사자의 얼굴 형태를 부조로 표현한다.
3. 종이 접시 위에 사자의 얼굴을 올려놓은 후 빵끈을 사용해 사자의 갈기를 표현한다.
4. 수채화 물감을 사용해 사자 얼굴을 표현하면 작품이 완성된다.

부록

책 읽고
미술활동하기

고슴도치 만들기

도서명 《나랑 친구할래?》(아순 발솔라 글·그림, 풀빛, 2011)

활동 재료 두꺼운 도화지(우드락), 지점토, 눈알, 빵끈, 크레파스, 붓, 오공본드, 아크릴물감, 연필, 지우개

활동 방법

1 두꺼운 도화지(우드락) 위에 연필로 밑그림을 그린다.
2 밑그림 위에 여러 종류의 꽃 친구들을 크레파스로 알록달록하게 표현한다.
3 지점토로 고슴도치의 형태를 만들고 콩만 한 크기로 코를 만들어서 물을 칠해 코를 붙여준다. 점토와 점토를 붙일 때는 물이 풀의 역할을 한다.
4 고슴도치 형태를 만든 다음 고슴도치 등은 아크릴물감으로 색칠한 후 말린다.
5 아크릴물감이 마른 후 빵끈을 적당한 크기로 자른 후 고슴도치 등에 가시처럼 꽂아준다.
6 고슴도치 눈은 얼굴의 적당한 위치에 오공본드로 붙인다.
7 다 만든 고슴도치를 두꺼운 도화지(우드락) 위에 오공본드로 고정한다.

꽃바구니 만들기

도서명 《무지개 꽃이 피었어요》(마이클 그레니엣 글·그림, 길지연 역, 국민서관, 2002), 《강아지똥》(권정생 글, 정승각 그림, 길벗어린이, 1996), 《코를 킁킁 눈이 번쩍》(좋은책키즈 글, 고혜진 그림, 좋은책키즈, 2021)

활동 재료 종이 접시, 색 습자지, 고체 풀, 가위, 칼

활동 방법

1 칼을 사용해 종이 접시의 반을 오려낸다. 이때 테두리가 될 가장자리를 1.5cm 정도 남겨둔다(이 부분은 꽃바구니의 손잡이가 된다).
2 색 습자지를 사용해 아래쪽 반원에 다양한 색과 모양의 꽃을 만들어 붙인다.
3 초록색을 꽃잎 모양으로 잘라 꽃의 중간중간에 끼워준다.
4 남은 색 습자지로 리본을 만들어서 손잡이에 포인트를 주면 예쁜 꽃바구니가 완성된다.

눈사람 퍼즐

도서명 《눈 오는 날》(에즈라 잭 키츠 글·그림, 김소희 역, 비룡소, 1995)

활동 재료 퍼즐, 유성매직, 연필, 지우개

활동 방법

1 빈 퍼즐 위에 연필로 눈사람을 스케치한다.
2 연필로 그린 눈사람의 테두리를 검은색 유성매직으로 따라 그린다.
3 유성매직으로 눈사람의 옷과 모자 등을 그려 넣거나 칠한다.

TIP 하늘에서 내리는 눈을 표현할 때는 먼저 흰 바탕에 하늘색으로 동그라미를 그린 뒤, 동그라미 부분만 제외하고 하늘색을 바탕으로 칠하면 된다.

돌고래 장난감 만들기

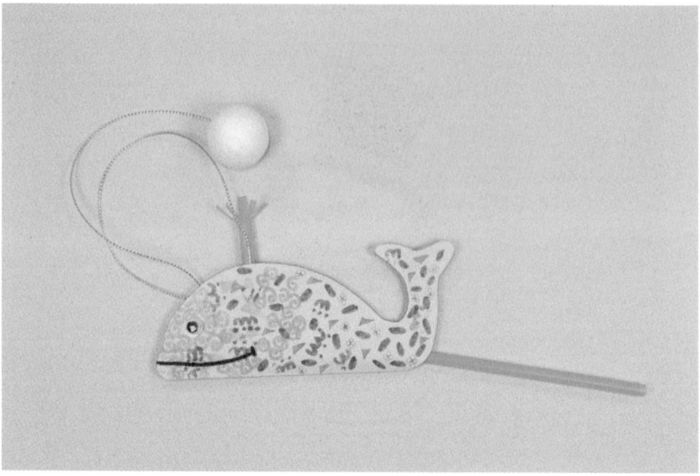

도서명 《피노키오》

활동 재료 색 도화지, 눈알 2개, 자바라빨대 1개, 은줄 1개, 스티로폼 공, 오공본드, 양면테이프

활동 방법

1 색 도화지를 아래서 위로 반으로 접은 후, 연필로 돌고래의 몸통을 그린 다음 가위로 오린다.

2 색 도화지 사이에 자바라 빨대를 넣어 꼬리 쪽에서 등 쪽을 지나도록 자리 잡은 뒤 고래 등으로 뿜어져 나오는 물줄기를 표현하기 위해 빨대 끝을 세로로 4등분 해 잘라 벌려놓는다.

3 물줄기를 표현한 빨대의 끝에 은줄을 붙이고 투명 테이프로 고정한다.

4 은줄의 또 다른 끝에는 스티로폼 공을 달아 투명 테이프로 고정한다.

5 색 도화지 양면을 양면테이프나 오공본드를 이용해 붙인다.

6 돌고래 눈을 오공본드로 붙이고 돌고래 몸통을 사인펜으로 꾸며서 완성한다.

동물 부채 만들기

도서명 《호랑이와 곶감》, 《해님달님》, 《토끼와 호랑이》, 《앤서니 브라운의 마술 연필》, 《숲 속에서》(마리 홀 에츠 글·그림, 박철주 역, 시공주니어, 1998), 《집 나가자 꿀꿀꿀》(야규 마치코 글·그림, 고향옥 역, 웅진주니어, 1999)

활동 재료 A4 색지 2장, 컬러 하드 스틱, 검은색 종이, 접착 부직포, 빵끈, 흰색 두꺼운 도화지(흰색 EVA), 오공본드(글루건)

활동 방법

1 A4 크기의 색지 2장을 계단 접기로 접은 후 반으로 접어서 가운데를 빵끈으로 묶어서 고정한 후 벌어지는 부분을 오공본드로 붙여서 원 모양을 만든다.
2 검정 색종이는 결 방향으로 손으로 찢어서 호랑이 줄무늬를 표현한다.
3 흰색 도화지로 눈과 코, 입 등을 만들어 오공본드(글루건)로 붙인다.
4 흰색, 주황색 종이로 귀를 만들어 얼굴의 적당한 위치에 붙여서 완성한다.
5 하드 스틱 한쪽 면에 양면테이프를 1/2 정도 붙이고 호랑이 얼굴 가운데에 끼워서 고정시킨다. 다른 동물도 똑같은 순서로 만들어준다.

리스 만들기

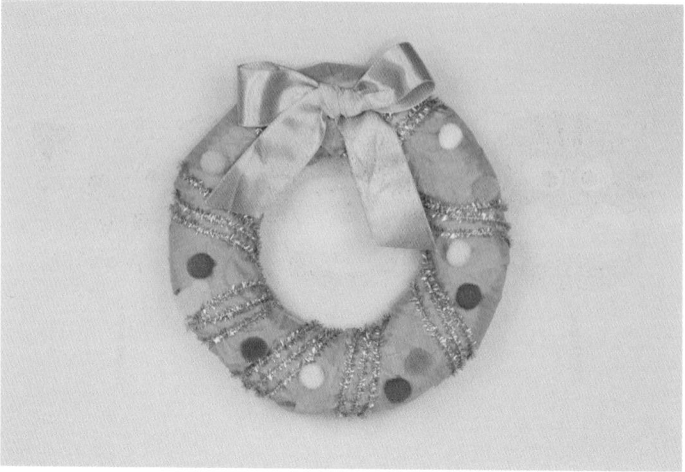

도서명 《메리 크리스마스, 늑대 아저씨!》(미야니시 타츠야 글·그림, 이선아 역, 시공주니어, 2002)

활동 재료 스티로폼 링 1개, 가는 반짝이 모루 1줄, 초록색 습자지 2장, 솜방울, 리본, 고체 풀, 글루건

활동 방법

1 색 습자지를 길게 4등분 해 자른 후 스티로폼 링의 하얀색이 보이지 않게 말아서 풀로 붙여 감싸준다.
2 색 습자지를 붙인 링을 모루로 감싸서 말아준다.
3 적당한 간격을 두고 글루건으로 솜방울을 예쁘게 붙인다.
4 적당한 위치에 리본을 붙여 완성한다.

망원경 만들기

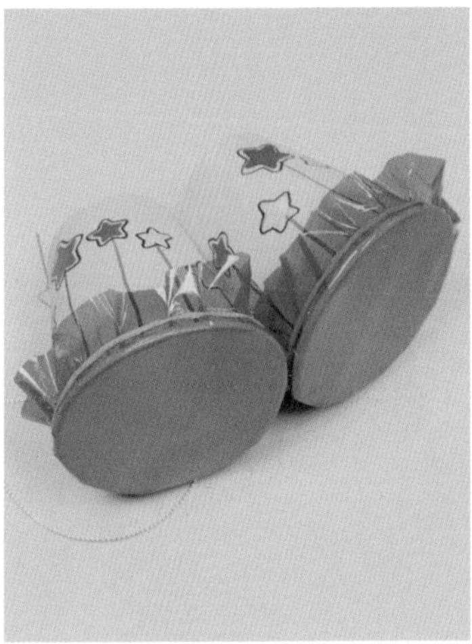

도서명 《100층짜리 집》(이와이 도시오 글·그림, 김숙 역, 북뱅크, 2009)

활동 재료 컬러 종이컵 2개, 셀로판지 2장, 별 모양 스티커, 할핀 1개, 고무밴드 2개, 은줄, 사인펜, 펀치(송곳)

활동 방법

1 종이컵의 밑면을 칼을 사용해 동그랗게 오려낸다.

2 종이컵 측면에 별 스티커를 붙이고 사인펜으로 꾸며준다.

3 종이컵 윗면에 셀로판지를 올려놓고 고무밴드로 셀로판지를 고정한다.

4 1번에서 밑부분을 동그랗게 오려낸 컬러 종이컵 2개를 붙여서 구멍 난 밑부분 안쪽으로 펀치(송곳)로 구멍을 낸 후 할핀으로 컬러 종이컵을 고정한다.

5 컬러 종이컵 2개를 할핀으로 고정한 양쪽 측면에 구멍을 내어 은줄로 연결해 목줄로 만들어준다.

마라카스 만들기

도서명 《브레멘 음악대》

활동 재료 타공지, 하드 스틱, 빨대, 양면테이프, 색연필, 사인펜, 글루건

활동 방법

1 타공지의 구멍을 연결해 연필로 밑그림을 그린다.

2 연필로 그린 밑그림 위에 사인펜(검정)으로 따라 그린다. 사인펜으로 따라 그린 후 연필로 그린 밑그림을 지워주면 좋다.

3 검정 사인펜 위에 여러 가지 색연필로 알록달록 표현해 주면 그림이 부드럽게 표현된다.

4 그림을 그린 타공지 뒷면은 ㄷ자 모양으로 양면테이프를 붙인다. 짧은 선을 먼저 붙여주면 좋다.

5 세로(짧은 선)로 붙인 양면테이프를 뜯어서 양면테이프가 붙지 않은 세로(짧은) 부분에 붙여서 원기둥 모양을 만든다.

6 원기둥을 만든 후 가로(긴 선)로 붙인 양면테이프 한쪽을 떼어내고 밑면을 납작하게 눌러 붙여준다. 원기둥의 테이프를 붙인 세로선이 가운데로 약간 빗겨서 납작하게 눌러 붙인다.

7 빨대를 잘라서 타공지 안에 넣는다.

8 타공지 안에 자른 빨대와 하드 스틱을 타공지 안에 넣는다. 타공지를 납작하게 눌러 놓은 후 하드 스틱 방향을 90도로 세워서 넣어준다.

9 타공지 안에 하드 스틱을 세워서 넣었을 때 하드 스틱이 흔들리지 않게 쏙 넣은 후 양면테이프를 떼어낸 후 납작하게 붙인다. 양면테이프 대신 투명 테이프나 글루건으로 붙이면 튼튼하다.

문어 만들기

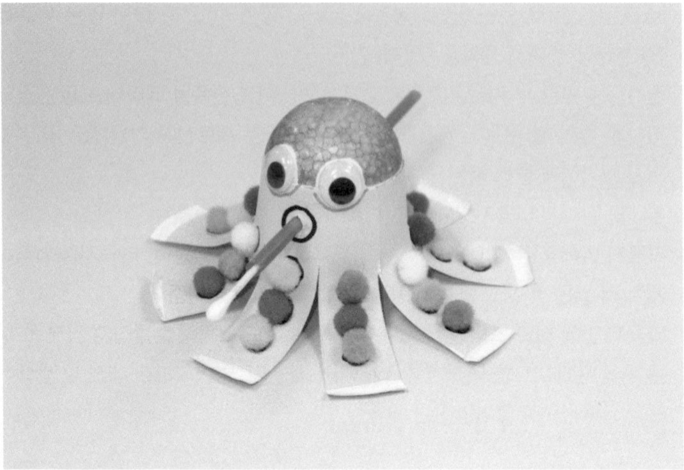

도서명 《인어공주》, 《무지개 물고기》(마르쿠스 피스터 글·그림, 공경희 역, 시공주니어, 1994), 《바다 100층짜리 집》(이와이 도시오 글·그림, 김숙 역, 북뱅크, 2014)

활동 재료 컬러 종이컵, 솜방울, 빨대, 눈알, 스티로폼 공 1/2개

활동 방법

1 문어 다리 수만큼 컬러 종이컵을 자른다.
2 스티로폼 공을 반 자른 후 컬러 종이컵 바닥에 끼워준다.
3 문어 머리를 유성매직으로 색칠하고 눈알을 붙인다.
4 종이컵에 문어 입을 표시한 후, 송곳으로 구멍을 뚫어 빨대를 끼운다. 송곳을 사용할 때는 안전에 주의한다.
5 문어 다리에 글루건으로 솜방울을 붙여서 빨판을 표현한다.
6 빨대 안에 면봉을 끼워서 입으로 불면 멋진 문어 장난감이 완성된다.

손바닥 동물원 공작새 만들기

도서명 《손바닥 동물원》(한태희 글·그림, 예림당, 2002)

활동 재료 무늬 색종이, 눈알, 크레파스, 종이 접시, 반짝이풀, 가위, 풀

활동 방법

1 색종이의 색과 색이 마주 보게 한 후 색종이 위에 아이의 손바닥을 올려놓고 연필로 그린 후 가위로 오린다. 이때 두 장을 겹쳐서 오릴 수 있게 모서리 끝을 스테이플러로 집어준다.

2 종이 접시 위에 손바닥 모양으로 색종이를 공작새 날개처럼 활짝 펴서 풀로 붙인다.

3 활짝 핀 공작새 날개 위에 색종이로 공작새 몸통을 오려서 날개 위에 붙인다.

4 공작새 몸통 위 얼굴이 될 위치에 오공본드로 공작새 눈을 붙이고, 왕관을 반짝이 풀로 표현한다.

5 공작새 몸통에 다리를 그려준 후 공작새 다리 밑에는 크레파스로 풀밭을 표현해서 완성한다.

옥수수 만들기

도서명 《씨앗은 무엇이 되고 싶을까?》(김순한 글, 김인경 그림, 길벗어린이, 2001), 《좁쌀 한 톨로 장가든 총각》(이상교 글, 주경호 그림, 보림, 1997)

활동 재료 뽁뽁이, 주름지, 종이 접시, 양면테이프, 신문지, 가위

활동 방법

1 신문지를 구겼다 폈다 해서 옥수수 안에 몸통을 먼저 만든 후 투명 테이프로 고정한다.

2 신문지로 만들어 놓은 몸통을 뽁뽁이로 말아서 옥수수 형태를 만든다. 뽁뽁이 뒷면에 양면테이프를 붙여 놓고 말아주면 완성하기 편하다.

3 옥수수를 뽁뽁이로 말아준 후, 옥수수 밑에 부분은 뽁뽁이를 꾹 눌러 터트려서 바람을 빼고, 투명 테이프로 돌돌 말아서 고정한다.

4 옥수수 형태를 만든 후 노란색 아크릴물감으로 옥수수 알을 표현한다. 아크릴물감에는 물을 혼합하지 않도록 주의한다.

5 옥수수 알의 아크릴물감이 마를 때까지 기다린 후 주름지를 옥수수 껍질 모양으로 윗부분을 뾰족하게 오린다.

6 아크릴물감이 마른 후 옥수수 위에 옥수수 껍질을 주름지를 사용해 돌아가면서 붙여준다. 주름지 밑부분에 양면테이프를 붙여 넣고 떼어주면서 붙이면 편하다.

7 완성된 옥수수를 종이 접시 위에 올려서 완성한다.

털실로 크리스마스트리 부조 만들기

도서명 《올리비아의 두근두근 크리스마스》(이언 포크너 글·그림, 김소연 역, 주니어김영사, 2014)

활동 재료 종이 접시, 별 스티커, 솜방울, 털실, 흰색 습자지(휴지), 고체 풀, 오공본드(글루건), 펀치(송곳), 갈색 펠트지(크레파스)

활동 방법

1 종이 접시 위에 트리를 그리고 펀치로 세모 모양의 나무 모양 구멍을 낸다.
2 털실에 바늘을 끼워서 왔다 갔다 하면서 트리 나무의 세모를 메꾸어 표현한다. 바늘이 없으면 털실 끝에 투명 테이프를 뾰족하게 감아준다.
3 나무 기둥은 갈색 펠트지나 크레파스로 표현한다.
4 세모 모양의 나무 위에 별 스티커를 붙인다
5 솜방울은 오공본드를 사용해 적당한 위치에 붙여준다.
6 흰색 습자지(휴지)로 쌓인 눈을 표현한다. 흰색 물감을 면봉에 묻혀서 눈을 그려주어도 좋다.

표정 얼굴 부채 만들기

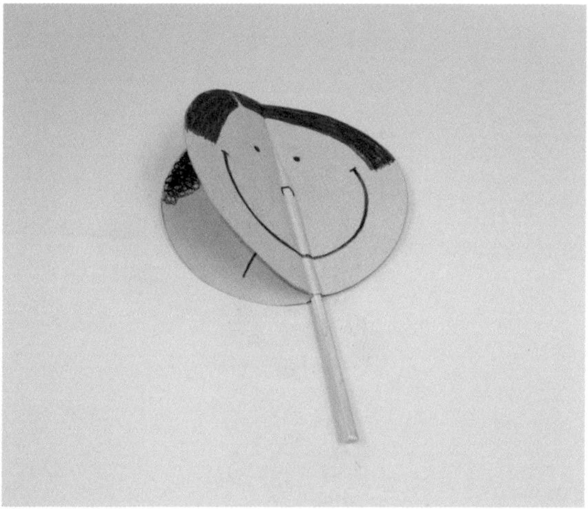

도서명 《틀려도 괜찮아》(마키타 신지 글, 하세가와 토모코 그림, 유문조 역, 토토북, 2006), 《짝꿍 바꿔 주세요!》(다케다 미호 글·그림, 고향옥 역, 웅진주니어, 2007), 《기분을 말해 봐!》(앤서니 브라운 글·그림, 홍연미 역, 웅진주니어, 2011)

활동 재료 소포 용지, 핫바 스틱(또는 나무젓가락), 유성매직(색연필), 고체 풀, 가위, 투명 테이프

활동 방법

1 20×20cm짜리 소포 용지 3장을 겹쳐서 반으로 접은 후 동그란 얼굴을 가위로 오려준다.

2 오린 얼굴 3장에 각기 다른 감정(행복한 얼굴, 화난 얼굴, 슬픈 얼굴)을 색연필이나 유성매직을 이용해 그린 후 반원과 반원끼리 각각 고체 풀로 붙인다. 단 이때 반원과 반원을 붙이고 핫바 스틱을 가운데 놓고 투명 테이프로 고정한다.

3 남은 얼굴 표정 한 장을 핫바 스틱 위에 맞추어 딱풀로 붙여준다.

튤립 화분 꾸미기

도서명 《무지개 꽃이 피었어요》(마이클 그레니엣 글·그림, 길지연 역, 국민서관, 2002), 《오소리네 집 꽃밭》(권정생 글, 정승각 그림, 길벗어린이, 2000)

활동 재료 컬러 종이컵 1개, 찰흙 1/3개, 초록색 습자지 1장, 하드 스틱 2개, 면봉 2개, 단면 색종이(7.5×7.5cm) 2장, 가위, 사인펜, 양면테이프, 색연필

활동 방법

1 일정한 간격으로 컬러 종이컵의 윗부분을 자른 후, 무늬를 그려서 꾸며준다.
2 색종이를 반으로 접었을 때 흰색이 조금 보이게 접는다.
3 흰색이 조금 보이게 접은 후, 뒤집어서 양쪽 세로를 1cm씩 접어준다.
4 색종이의 하단 부분 양쪽 네모난 모서리를 안쪽으로 세모 모양이 되게 조금 접은 다음 뒤집어 주면 튤립 꽃이 완성된다.

5 완성된 튤립 꽃에 표정을 그리고, 면봉을 반으로 꺾어서 꽃술처럼 튤립 꽃 안에 넣은 다음 오공본드로 고정한다.

6 하드 스틱 위 한쪽 면에 양면테이프를 붙이고 앞뒤를 초록색 색연필로 색칠한다(사인펜으로 칠하면 번지고 손에 묻으니 주의한다).

7 하드 스틱의 양면테이프 껍질을 떼어내고 튤립 꽃을 붙여준다.

8 컬러 종이컵 안에 찰흙 1/3을 넣고 하드 스틱에 튤립이 붙은 상태로 찰흙 위에 적당한 위치에 꽂아준다.

9 화분에 튤립을 꽂은 후 찰흙이 보이지 않게 초록색 습자지를 종이 결 방향으로 찢어서 구긴 후 덮어주면 화분이 완성된다.

풀밭 위에서 노는 아기 양 만들기

도서명 《늑대와 일곱 마리 아기 양》

활동 재료 쿠킹 포일, 하드 스틱 2개, 오아시스, 흰색 종이컵, 흰색 습자지, 눈알 2개, 살구색 종이, 고체 풀, 사인펜(색연필), 오공본드, 양면테이프

활동 방법

1 가위로 종이컵을 가로 1/2 크기로 자른다.
2 흰색 습자지를 네모 모양으로 자른 후 구겨서 양의 몸통인 종이컵에 고체 풀로 붙인다.
3 살구색 종이 위에 양의 얼굴을 그려서 오린 후 눈알을 적당한 위치에 붙이고 얼굴을 몸통에 풀로 붙인다.
4 하드 스틱을 가로로 반으로 자른 후 몸통 안쪽에 글루건(양면테이프)을 사용해 다리를 붙인다.
5 오아시스 위에 양을 올려놓고 꾹 눌러서 고정한다.
6 쿠킹 포일 위에 오아시스를 올려놓고 테두리를 포일로 감싸 완성한다.

행복한 의자나무

도서명 《아낌없이 주는 나무》, 《행복한 의자나무》(량 슈린 글·그림, 박지민 역, 북뱅크, 2002)

활동 재료 크레파스, 두꺼운 도화지, 얇은 종이. 연필. 지우개

활동 방법

1 두꺼운 도화지 위에 크레파스로 다양하게 색칠을 한다.

2 얇은 종이 위에 연필로 밑그림을 그린다.

3 여러 가지 크레파스로 바탕을 색칠한 도화지 위에 밑그림을 그린 얇은 종이를 올려놓고, 밑그림을 눌러서 따라서 그린다.

4 밑그림을 그린 종이를 뒤집어서 보면 크레파스 바탕색이 묻어 나와 그림이 완성된다.

TIP 진한 색 크레파스로 칠하면 그림이 선명하게 나온다. 볼펜은 가늘게 나오고, 연필은 조금 굵게 나온다.

에필로그

자녀가 경험한 미술교육의 효과

나는 초등학교 시절부터 지금까지 미술교육을 했던 엄마 덕분에 미술이 단순한 교과 과목보다는 놀이에 가까웠다. 친구들은 미술학원에 가기 싫다고 놀이터에서 놀 때마다 나는 반대로 미술학원에 가기 바빴다.

학교에서 과목으로 배우던 미술과 달리, 자신의 상상력과 표현력을 가질 수 있도록 해준 엄마의 미술교육 방식은 '어떻게 하면 이렇게 할 수 있을까?'라고 생각할 수 있는 힘을 길러주었다. 더불어 손으로 만지고, 자르고, 붙이면서, 머릿속에 있는 것을 시각화하는 작업은 나에게 큰 성취감과 자신감을 심어주었다.

결혼을 하고 아이를 생각하는 입장이 된 지금, 그때의 경험들이 어린 나에게 행복하고 값진 경험으로 남아 있다. 그래서 내 아이에게도 미술을 학습 목적보다는 자신을 표현할 수 있는 활동으로서 접하게 하고 싶다.

지금까지 몇십 년 동안 아이들을 사랑의 마음으로 미술교육의 발전을 위해 노력한 엄마에게 존경을 표하며 이 책을 통해 많은 아이들이 선생님과 부모님의 가르침을 통해서 자신의 생각을 다양하고 솔직하게 표현할 수 있게 하는 기회가 되길 바란다.

엄마를 존경하는 큰 딸 혜승

어릴 적부터 엄마는 본인이 무엇을 좋아하고 무엇에 소질이 있는지 다양한 경험을 통해 찾게 해주셨다. 그중에서 논술 수업에 가장 흥미를 많이 가졌던 언니와 나를 되돌아보게 되면서 이런 점은 엄마를 많이 닮은 것 같다는 생각이 든다.

남들 앞에 서는 것도 좋아하고 외형적인 성격을 지닌 나는 중학교 때 막연하게 예술고등학교를 가고 싶다는 꿈을 가지게 됐다. 정말 가고 싶었던 고등학교 입시 시험을 본 후 나는 무슨 자신감인지 모르겠지만 무조건 합격할 수 있을 거 같았고, 실제로 합격도 했다. 이 모든 결과는 조급하게 생각하지 않고 묵묵하고 든든하게 응원해 주고 보듬어준 엄마가 있었기에 가능했다.

배우지 않을 게 하나 없는 우리 엄마의 교육방식과 노하우가 가득 담긴 이 책을 감히 많은 부모님들께 추천드리고 싶다.

엄마를 존경하는 작은 딸 **혜조**

북큐레이션 • 내 아이를 사랑으로 키우고 싶은 부모들을 위한 책

《미술을 읽고 책을 그리는 아이는 다르다》와 함께 읽으면 좋은 책. 부모가 이해와 공감으로 아이에게 사랑을 줄 때 가장 건강한 가정을 만들 수 있습니다.

메타버스 영어 공부방 혁명

손수미 지음 | 17,000원

온라인 메타버스와 오프라인 공부방이 만나다!

이 책은 TED, 세바시 등 강연 통한 영어 논술 머리 확장부터 아카데미 라이팅 수업, 에세이 수업을 통해 아이들에게 영어의 자신감을 불어넣은 사례를 통해 아이들의 영어 레벨과 관심에 맞는 맞춤형 수업 방식을 알려준다. 또한 영어로 게임을 하며 다 함께 로블록스 이벤트 체험하기, 포트나이트에서 강연하기 등 영어 수업과 메타버스 플랫폼 활용법에 대해 알려준다. 이 책에 깊이 녹아 있는 저자의 노하우를 통해 아이들이 영어에 흥미를 붙이고 공부할 수 있는 방법을 찾을 수 있을 것이다.

말 잘하는 아이로 키워라

이명희 지음 | 17,000원

작은 목소리, 두서없는 말하기, 쭈뼛거리는 모습이 몰라보게 달라진다!

비대면이 익숙해지면서 말하는 것이 어색한 시대가 됐다. 특히나 아이들에게는 작은 컴퓨터 화면으로 친구들을 만나는 삶이 당연한 게 되어버렸다. 이제는 말하기 기술, 즉 스피치 기술이 남들이 가지지 못한 차별화된 나만의 강점이 된다. 특히나 어렸을 때부터 스피치 기술을 잘 습득한다면, 이후 성인이 됐을 때 남다른 경쟁력이 될 수 있다. 어렵지 않다. 이 책을 한 장씩 읽으며 따라 하면 분명 우리 아이의 스피치 기술이 늘어갈 것이다. 이 책이 남들을 끌어당기는 매력적인 아이로 자라게 해 이 시대를 이끌어갈 중요한 리더로 성장시킬 것이다.